Kauderwelsch
Band 104

© Nationales Touristikamt Luxemburg

Die Gëlle Fra

# Impressum

Joscha Remus
**Lëtzebuergesch — Wort für Wort**
erschienen im
REISE KNOW-HOW Verlag Peter Rump GmbH
Osnabrücker Str. 79, D-33649 Bielefeld
info@reise-know-how.de


4. neu bearbeitete Auflage 2009


*Bearbeitung* Alexander Schwarz
*Layout* Claudia Schmidt
*Layout-Konzept* Günter Pawlak, FaktorZwo! Bielefeld
*Umschlag* Peter Rump (Titelfoto: Joscha Remus)
*Fotos* Nationales Touristikamt Luxemburg (S. 1, 8, 40, 54, 64, 72, 141)
Joscha Remus (S. 23, 78, 84, 94, 103)
*Druck und Bindung* Fuldaer Verlagsanstalt GmbH & Co KG, Fulda

**ISBN 978-3-89416-310-5**
Printed in Germany

Dieses Buch ist erhältlich in jeder Buchhandlung Deutschlands, Österreichs, der Schweiz und der Benelux-Staaten. Bitte informieren Sie Ihren Buchhändler über folgende Bezugsadressen:

*Deutschland* Prolit GmbH, Postfach 9, 35461 Fernwald (Annerod) sowie alle Barsortimente
*Schweiz* AVA-buch 2000, Postfach 27, CH-8910 Affoltern
*Österreich* Mohr Morawa Buchvertrieb GmbH Sulzengasse 2, A-1230 Wien
*Belgien & Niederlande* Willems Adventure, www.willemsadventure.nl
*direkt* Wer im Buchhandel kein Glück hat, bekommt unsere Bücher zuzüglich Porto- und Verpackungskosten auch direkt über unseren Internet-Shop: **www.reise-know-how.de.**

Zu diesem Buch ist ein **AusspracheTrainer** erhältlich, auf **Audio-CD** in jeder Buchhandlung Deutschlands, Österreichs, der Schweiz und der Benelux-Staaten oder als **MP3-Download** unter **www.reise-know-how.de**

Der Verlag möchte die **Reihe Kauderwelsch** weiter ausbauen und **sucht Autoren!** Mehr Informationen finden Sie unter ***www.reise-know-how.de/rkh_mitarbeit.php***

Kauderwelsch

Joscha Remus

# Lëtzebuergesch

*Wort für Wort*

# Kauderwelsch-Sprechführer sind anders!

Warum? Weil sie Sie in die Lage versetzen, wirklich zu sprechen und die Leute zu verstehen.

Wie wird das gemacht? Abgesehen von dem, was jedes Sprachbuch bietet, nämlich Vokabeln, Beispielsätze etc., zeichnen sich die Bände der Kauderwelsch-Reihe durch folgende Besonderheiten aus:

Die **Grammatik** wird in einfacher Sprache so weit erklärt, dass es möglich wird, ohne viel Paukerei mit dem Sprechen zu beginnen, wenn auch nicht gerade druckreif.

Alle Beispielsätze werden doppelt ins Deutsche übertragen: zum einen **Wort-für-Wort**, zum anderen in „ordentliches" Hochdeutsch. So wird das fremde Sprachsystem sehr gut durchschaubar. Denn in einer fremden Sprache unterscheiden sich z. B. Satzbau und Ausdrucksweise recht stark vom Deutschen. Ohne diese Übersetzungsart ist es so gut wie unmöglich, schnell einzelne Wörter in einem Satz auszutauschen.

Die **Autorinnen** und **Autoren** der Reihe sind Globetrotter, die die Sprache im Land selbst gelernt haben. Sie wissen daher genau, wie und was die Leute auf der Straße sprechen. Deren Ausdrucksweise ist nämlich häufig viel einfacher und direkter als z. B. die Sprache der Literatur oder des Fernsehens.

Besonders wichtig sind im Reiseland **Körpersprache, Gesten, Zeichen** und **Verhaltensregeln**, ohne die auch Sprachkundige kaum mit Menschen in guten Kontakt kommen. In allen Bänden der Kauderwelsch-Reihe wird darum besonders auf diese Art der nonverbalen Kommunikation eingegangen.

**Kauderwelsch-Sprechführer sind keine Lehrbücher, aber viel mehr als Sprachführer!** Wenn Sie ein wenig Zeit investieren und einige Vokabeln lernen, werden Sie mit ihrer Hilfe in kürzester Zeit schon Informationen bekommen und Erfahrungen machen, die „taubstummen" Reisenden verborgen bleiben.

# Inhalt



## Grammatik

# Inhalt

## Konversation



## Anhang

© Nationales Touristikamt Luxemburg

Grevenmacher Weinfest

# Vorwort

Dieses Buch richtet sich an all diejenigen, die gerne Kontakt im Reiseland suchen und verstehen wollen, was sie hören. Wer sich glücklich schätzen kann, schon einige Grundkenntnisse im Französischen zu besitzen, wird sich die Schmankerln des Lëtzebuergeschen noch besser auf der Zunge zergehen lassen können. Was ein Präbbeli und ein Schminni ist oder was Ënnen sind, wird man mit Hilfe des Französischen eher erraten können. Für diesen Kauderwelsch-Band werden jedoch keinerlei Vorkenntnisse benötigt!

Ich würde mir wünschen, dass mit Hilfe dieses Sprachführers den Menschen zu Luxemburg bald mehr einfällt als billiges Tanken und mächtige Banken. Es gibt ein wunderschönes Land und eine kreative, äußerst humorvolle Sprache mitten in Europa neu zu entdecken.

Bitte denken Sie daran: Die Ausdrücke in diesem Buch, die als beleidigend oder diskriminierend aufgefasst werden könnten, haben nichts mit der Einstellung des Autors zu tun. Es liegt ausdrücklich nicht in unserer Absicht, dass solche Wörter verwendet oder verbreitet werden. Schimpfwörter und vulgäre Wörter wurden aufgelistet und erklärt, da es sein kann, dass sie Ihnen begegnen (in Filmen, Büchern oder auf der Straße). Sie sollten verstehen, was Sie hören.

E ganz décke Merci soen ech dem Nathalie Nicolay an dem Guy Berg. Ouni d'Hëllef vun dëse lëtzebuergesche Linguiste wier aus deem Buch hei nët dat ginn, wat et haut ass. Villmols Merci och dem Jean-Pol Roden. Hien huet mer bäibruecht op lëtzebuergesch ze fluchen an ze feieren. Ech sinn och dem Jenny an dem Yves dankbar, déi eng ganz Rëtsch un Ausdréck aus der Jugendsprooch zou dësem Guide bäigedroen hunn.

Viel Spaß in Palavrien,
Joscha Remus

## Hinweise zur Benutzung

Der Kauderwelsch-Band „Lëtzebuergesch" ist in drei Abschnitte gegliedert:

**Grammatik**

*Wer sich intensiver mit der Grammatik des Luxemburgischen beschäftigen will, findet in den Literaturtipps am Ende des Buches einige empfehlenswerte Luxemburgisch-Lehrwerke.*

Die Grammatik beschränkt sich auf das Nötigste und ist so einfach gehalten wie möglich. Sie will zunächst mit den wesentlichen Regeln des Luxemburgischen vertraut machen. Viele grammatikalische Erscheinungen, zumal Ausnahmen und sprachliche Feinheiten, müssen bei dieser knappen Darstellung naturgemäß unberücksichtigt bleiben. Aber auch so bietet dieser Abschnitt genügend Stoff, der sicher nicht bei einmaligem Durchgang zu bewältigen, sondern wohl eher Schritt für Schritt unter ständiger Bezugnahme auf den Konversationsteil zu erarbeiten ist.

**Konversation**

Im Konversationsteil finden Sie Sätze aus dem Alltagsgespräch, die Ihnen einen Eindruck davon vermitteln, wie die luxemburgische Sprache strukturiert ist und Sie auf das vorbereiten sollen, was Sie dort später hören werden.

**Wort-für-Wort-Übersetzung**

Jede Sprache hat ein typisches Satzbaumuster. Um die sich vom Deutschen unterscheidende Wortfolge luxemburgischer Sätze besser durchschauen zu können, ist die Wort-für-Wort-Übersetzung bei Bedarf in kursiver Schrift hinzugefügt. Jedem luxemburgischen Wort entspricht ein Wort in der Wort-für-Wort-Übersetzung. Eine kleine Ausnahme bildet hierbei der verkürzte Artikel d', der auch in der Wort-für-Wort-Übersetzung als eigenständiges Wort betrachtet wird. Zum Beispiel:

**D'Féiss an de Grapp huelen.**
*die Füße in die Fäuste nehmen*
Die Beine in die Hand nehmen.

Werden in einem Satz mehrere Wörter genannt, die man untereinander austauschen kann, steht ein Schrägstrich dazwischen:

**Ech sinn Däitsch(en)/Schwäitzer(in)/ Éisterräicher(in)/Hollänner(in).**
Ich bin Deutsche(r)/Schweizer(in)/ Österreicher(in)/Niederländer(in).

Mit Hilfe der Wort-für-Wort-Übersetzung können Sie bald eigene Sätze bilden. Sie kön-

**Seitenzahlen**

*Um Ihnen den Umgang mit den Zahlen zu erleichtern, wird auf jeder Seite die Seitenzahl auch auf Lëtzebuergesch angegeben!*

nen die Beispielsätze als Fundus von Satzschablonen und -mustern benutzen, die Sie selbst Ihren Bedürfnissen anpassen. Um Ihnen das zu erleichtern, ist ein erheblicher Teil der Beispielsätze nach allgemeinen Kriterien geordnet („bitten, danken, wünschen").

**Wörterlisten**

Die Wörterlisten am Ende des Buches helfen Ihnen dabei. Sie enthalten einen Grundwortschatz von je ca. 1000 Wörtern Deutsch – Lëtzebuergesch sowie Lëtzebuergesch – Deutsch, mit denen man eine ganze Menge meistern kann.

**Umschlagklappe**

Die Umschlagklappe hilft, die wichtigsten Sätze und Formulierungen stets parat zu haben. Hier finden sich außerdem die wichtigsten Angaben zur Aussprache; weiterhin eine kleine Liste der wichtigsten Fragewörter, Richtungs- und Zeitangaben. Denn wer ist nicht schon einmal aufgrund missverstandener Gesten im fremden Land auf die falsche Fährte gelockt worden?

*Mit etwas Kreativität und Mut können Sie sich neue Sätze „zusammenbauen", auch wenn das Ergebnis nicht immer grammatikalisch perfekt ausfällt.*

Aufgeklappt ist der Umschlag eine wesentliche Erleichterung, da nun die gewünschte Satzkonstruktion mit dem entsprechenden Vokabular aus den einzelnen Kapiteln kombiniert werden kann. Wenn alles nicht mehr weiterhilft, dann sind vielleicht die Kapitel „Nachgefragt" oder „Nichts verstanden? – Weiterlernen!" der richtige Tipp. Letzeres befindet sich im Umschlag, stets bereit, mit der richtigen Formulierung für z. B. „Das verstehe ich nicht." oder „Bitte wiederhole das nochmal!" auszuhelfen

# Das Land und seine Menschen

Luxemburg war jahrhundertelang ein Spielball der Mächte. Es galt seit jeher als eine der stärksten Festungsanlagen der Welt und so war es kein Wunder, dass sich hier Burgunder, Franzosen, Niederländer, Spanier, Österreicher und Preußen zwischen dem 15. und dem 19. Jahrhundert die Festungsklinke in die Hand gaben. Das Tauziehen um Luxemburg hatte erst 1867 ein Ende. Bismarck hatte die Idee, die „ewige Neutralität" des kleinen Staates festzuschreiben. Heute ist Luxemburg aufgrund seiner Steuergesetze und seiner Finanzpolitik ein Magnet für die Geldwirtschaft, die rund um den Boulevard Royal der Hauptstadt eine „Wallstreet" gigantischen Ausmaßes entstehen ließ. Kein Wunder, dass sich das neue Selbstbewusstsein der jungen Nation auch am Geld festmacht. Das Land mit gerade mal 400.000 Einwohnern hat mit der Schweiz, Singapur und den USA das höchste Pro-Kopf-Einkommen der Welt.

Politisch gewinnt Luxemburg stets mehr an Bedeutung: Das Schengener Abkommen über ein Europa ohne Grenzen ist so bekannt, dass sich selbst japanische Touristen auf der Suche nach dieser „Metropole" in die 160(!)-Seelen-Gemeinde an der Mosel verirren und völlig irritiert mit den Fotos von 33 Winzerbetrieben in der Tasche wieder von dannen ziehen. Den Luxemburgern im südlichen Dreiländereck (es gibt insgesamt drei Dreiländerecke!) ist solcher Polittourismus gar nicht so unrecht, erhofft man sich doch eine neue Einnahmequelle, sollten die Geschäfte an der „Grenze“ mit preiswertem Sprit, Zigaretten und Schokolade eines nahen Tages einmal nachlassen.

Man hat in den letzten Jahrzehnten viele portugiesisch-katholische Einwanderer in dem guten Glauben an eine problemlose Integration als Gastarbeiter ins Land geholt. Seien sie nicht überrascht, wenn Sie Portugiesen in fließendem Luxemburgisch ein Bier im Grond, dem städtischen Kneipenviertel, bestellen hören. Bezahlt wurde vor der Euro-Einführung übrigens mit belgischen und luxemburgischen Franken.

Luxemburg hat die höchste Blasorchesterdichte der Welt, einen ausgezeichneten Wein, von dem selbst Goethe einst nicht genug kriegen konnte. Die Tatsache, dass Henry Miller Luxemburg fluchtartig verließ, da er nicht auf die erhofften amourösen Abenteuer stieß („Stille Tage von Clichy“) sollte niemanden abschrecken: Diese Geschichte ist schon fünfzig Jahre her.

# Die Sprachen Luxemburgs

Palavrien liegt mitten in Europa. Reisende beschleicht dort alsbald das Gefühl, sich in einen Sprachdschungel verirrt zu haben. Man hört und spricht dort viel und gerne alles durcheinander: Französisch, Portugiesisch, Italienisch, Englisch, auch Deutsch, wenn es denn sein muss. Das luxemburgische Volk spricht drei anerkannte gleichberechtigte Sprachen. Französisch wurde dabei seit jeher als Ausdruck kultureller Eigenständigkeit gegenüber Deutschland gesprochen. Die gute Beherrschung der französischen Sprache gilt nach wie vor als gesellschaftlicher Vorteil. Am weitaus häufigsten aber vernimmt man dort diese eigenartigen Klänge, die von den Eingeborenen Lëtzebuergesch genannt werden. Der Großherzog hält die Neujahrsansprache auf Lëtzebuergesch. Das Deutsche verliert immer mehr an Boden. Als im November 1994 das Programm der frisch gekürten Kulturstadt Europas vorgestellt wurde, geschah dies auf Lëtzebuergesch und Französisch.

*„Ich bin mir immer sicher gewesen, Palavrien sei ein winzig kleines Land. Aber wenn ich diesen Schlosspark betrachte, bin ich versucht, anzunehmen, wir hätten es hier mit kanadischen Weiten zu tun.“*
*Guy Rewenig*

Wer schon einmal in Luxemburg gewesen ist und genau hingehört hat, wird sich je nach seiner Herkunft ein eigenes „Hörbild“ gemacht haben. Manche halten Lëtzebuergesch für einen moselfränkisch-deutschen Dialekt, andere für eine dem Niederländischen verwandte Sprache oder für eine Mischung aus Französisch und eigenartig akzentuiertem

# Karte von Luxemburg

Deutsch. Diejenigen, die Lieder in Lëtzebuergesch gehört hatten, sahen eine klangliche Nähe zum Jiddischen.

In Luxemburg stehen Französisch, Lëtzebuergesch und Deutsch zwar offiziell gleichberechtigt nebeneinander, es herrscht also theoretisch eine vollständige Dreisprachigkeit. In Wirklichkeit jedoch ist Lëtzebuergesch die Sprache, die jeder im Großherzogtum spricht: sowohl auf der Straße als auch im Parlament. In der Spillschoul (Vorschule) ist sie alleinige Unterrichtssprache. In ihrer Funktion als eine von drei EU-Hauptstädten ist man vor allem in Luxemburg-Stadt polyglott veranlagt. Sprachneugierige und Verbalabenteurer werden mit der Hilfe der Luxemburger jederzeit rechnen können.

## Aussprache

Es wurden nur Laute und Lautkombinationen berücksichtigt, die sich vom Deutschen unterscheiden.

### Mitlaute (Konsonanten)

| | |
|---|---|
| **h** | niemals „stumm“, wird immer gesprochen; das **h** schreibt man nur dort, wo es auch gesprochen wird, ausgenommen Fremdworte und Eigennamen (z. B. „Rhein“).<br>**haut** (heute), **verhalen** (merken), **Rhäin** (Rhein) |

| | |
|---|---|
| **g** | teilweise wie im Deutschen<br>**Gaga** (Verrückter), **graff** (grob)<br>wie das französische „j" in „**j**oli", also ein stimmhaftes „sch".<br>**Ligen** (Lügen), **Fliger** (Flugzeug) |
| **ss** | scharfes „s"<br>**Noss** (Nuss), **Moss** (Mädchen), **Vitesse** (Schnelligkeit) |
| **-eg,<br>-esch** | wie „ech" in „r**ech**nen"<br>**bëlleg** (billig), **Mëlleg** (Milch), **Lëtzebuergesch** (Luxemburgisch) |
| **-ng,<br>-nk** | stummes „g" wie „ng" in „sa**ng**"<br>**Schong** (Schuhe), **Long** (Lunge), **jonk** (jung) |
| **r** | stummes „r"<br>**Wierder** (Wörter), **Hiirt** (Hirte)<br>das **r** wird in der Wortmitte vor **d** und **t** nicht ausgesprochen:<br>**Wieder** (Wetter) und **Wierder** (Wörter) klingen also gleich. |

## Doppelselbstlaute

| | |
|---|---|
| **éi** | etwa wie das „eji" in „Pomp**eji**"<br>**séier** (schnell), **wéi** (wie), **méiglich** (möglich) |
| **ie** | nacheinander gebunden gesprochen: kurzes „i", gefolgt von einem „e" wie in „Nas**e**"<br>**liewen** (leben), **stiewen** (sterben) |
| **ei** | „**ei**" wie in „W**ei**n"<br>**eis** (unser), **nei** (neu) |

| | |
|---|---|
| **äi** | „ä-i“<br>**Äis** (Eis), **vläicht/vläit** (vielleicht) |
| **ai** | „ai“ wie in „H**ai**n“. Das **ai** ist der typische Mehrzahldoppelselbstlaut.<br>**Haiser** (Häuser), **Daim** (Daumen, Mz) |
| **ou** | zwischen „au“ und „ou“<br>**Rou** (Ruhe), **Ouer** (Ohr),<br>**Koup** (Haufen) |
| **ue** | kein „ü“, „u-e“ (das „e“ wie in „Has**e**“)<br>**wuessen** (wachsen),<br>**Schued** (Schaden), **Nuecht** (Nacht) |
| **au** | wie das „ä“ in „**Ä**hre“, dann „u“<br>**haut** (heute), **Haus** (Haus),<br>**Maulelfskoup** (Maulwurfshügel) |

## Selbstlaute (Vokale)

| | |
|---|---|
| **é** | wie das erste „e“ in „w**e**rden“, aber kürzer; steht meist vor ck, nk, ng, ch oder x.<br>**déckkäppeg** (dickköpfig),<br>**féxfäerdeg** (fix und fertig),<br>**wénken** (winken), **meng** (mein) |
| **äe** | langes „ä“ plus „e“ (Diphtong)<br>**fäerdeg** (fertig),<br>**Gäertner** (Gärtner) |
| **ä** | kurzes „ä“<br>**Kächen** (Köchin) |
| **ë** | wie in „geh**e**n“, aber betont<br>**Ënnen** (Zwiebeln),<br>**mëll** (weich, verrückt), **fënnef** (fünf) |

*Bei Betonung klingen die Selbstlaute* a, e, i, o, u *wie im Deutschen. Eine Besonderheit stellt jedoch das* a *dar. Ganz vorne im Mund gebildet, klingt es häufig so wie das „a“, das entsteht, wenn der Arzt bittet, den Mund weit zu öffnen und eben „aaa“ zu sagen.*

Die frühere Schreibweise, wonach das Diphtong-e mit Pünktchen (ë) folgte, ist weggefallen. Wo das e auf einen anderen Selbstlaut folgt, wird es kurz betont als „e" ausgesprochen.

*Man gebraucht das ë auch bei der Mehrzahlbildung sowie bei Verkleinerungsformen. Der Luxemburger nennt die beiden Pünktchen übrigens* Täppelcher.

| | |
|---|---|
| **heemgoen** | heimgehen |
| **Suen** | Geld |
| **e Wollef** | ein Wolf |
| **zwee Wëllef** | zwei Wölfe |
| **Kand** | Kind |
| **Këndchen** | Kindchen |

Achtung: Die Pünktchen können den Sinn der Wörter verändern:

| | | | |
|---|---|---|---|
| **sëtzen** | sitzen | **setzen** | stellen, setzen |
| **kënnen** | können | **kennen** | kennen |

Einen Selbstlaut vor zwei oder mehr Mitlauten liest man kurz, einen Selbstlaut vor einem Mitlaut liest man lang. Dies gilt nicht für unbetonte kurze Wörter, wie an (und), en (ein), hunn (haben) usw.

| | | | |
|---|---|---|---|
| **klammen** | klettern, steigen | **Monni** | Onkel |
| **Af** | Affe | **Kaz** | Katze |

Steht ein Selbstlaut alleine oder am Ende eines Wortes, wird er lang gelesen, genauso wie doppelte Selbstlaute:

| | |
|---|---|
| **en A** | ein Auge |
| **Gebeess** | Marmelade |

| | |
|---|---|
| **Boma** | Großmutter |
| **Draach** | Drachen |

Ein Beispiel zum lautstarken Üben: In den ersten sechs Wörtern werden die Selbstlaute kurz, in den letzten beiden Wörtern lang gesprochen.

**Zenter enger Woch hunn ech eng schwaarz Kaz.**
Seit einer Woche habe ich eine schwarze Katze.

*Seit der Anerkennung als Nationalsprache wird an Schulen und Sprachinstituten die offizielle Schreibweise, also* d'lëtzebuergesch Ëmgangssprooch *gelehrt. Auch die Schreibung der langen und kurzen Selbstlautaussprache gilt seitdem als geregelt.*

## französische Wörter

Es ist sowohl möglich, Wörter aus dem Französischen direkt zu übernehmen, als auch sie zu verlëtzebuergeschen:

| | |
|---|---|
| **Courage** oder **Kuraasch** | Mut |
| **Gilet** oder **Jilli** | Jacke |
| **Keess** | Kasse |

Dort wo Verwechslungen auftreten könnten, verwendet man das im Schriftbild eindeutige Wort: mee anstelle von mais (aber). Am Satzanfang könnte Mais sowohl „aber“ wie auch „Mäuse“ bedeuten.

Endet ein französisches Wort auf -ue, wird in der luxemburgischen Mehrzahl ein ü mit einem anschließenden -ën gesprochen:

| | |
|---|---|
| **Revue – Revuën** | Zeitschrift |
| **Avenue – Avenuën** | breite Straße |

Den Accent circonflex (^), auch Hittchen (Hütchen) genannt, verwendet man heute nicht mehr, also:

**Member** (Mitglied) **Timber** (Briefmarke)

## Betonung

Das Luxemburgische wird sehr akzentuiert gesprochen. Oft trägt genau der Wortteil die Betonung, der im Deutschen unbetont gesprochen wird:

| | |
|---|---|
| **Bued<u>bidden</u>** | <u>Bade</u>wanne |
| **Kiche<u>fenster</u>** | <u>Küchen</u>fenster |
| **Auto<u>sëtz</u>** | <u>Auto</u>sitz |
| **Haus<u>diir</u>** | <u>Haus</u>tür |

*Auch Artikel kennen eine betonte und eine unbetonte Form:*

| | |
|---|---|
| **e/ee Mann** | Mann |
| **en/een Apel** | Apfel |

**Ech gesinn de Camion.**
Ich sehe den Lastwagen.

**Ech gesinn dee Camion.**
Ich sehe diesen Lastwagen.

Trägt ein e einen Akzent, also z. B. é oder ë, wird es immer betont gesprochen. Falsche Betonung kann zu Missverständnissen führen:

| | |
|---|---|
| **strécken** | binden |
| **strecken** | bügeln |

## Rechtschreibung

Bis auf die bereits erwähnten Sonderzeichen ë und é gibt es keine anderen Buchstaben wie im Deutschen. Satzanfänge, Hauptwörter und Eigennamen werden wie im Deutschen groß geschrieben.

Mülltrennung ist billiger

## die N-Regel

Grundsätzlich schreibt man am Ende einer Silbe ein n nur dann, wenn auf das n entweder die Selbstlaute (a, e, i, o, u) oder die Mitlaute d, h, n, t, z folgen. Dies gilt auch vor Sprechpausen (vor einem Komma, einem Strichpunkt und am Satzende).

*Die N/Regel wird auch als „Eifeler Regel" bezeichnet.*

Die N-Regel dient vor allem der besseren Anbindung und der flüssigeren Aussprache:

**Hie schafft.**
Er arbeitet.

**Hien ass e Professer.**
Er ist ein Professor.

**Hien ass en Usträicher.**
Er ist ein Anstreicher.

# Wörter, die weiterhelfen

Die allgemein übliche luxemburgische Begrüßung zu jeder Tages- und Nachtzeit lautet Moien (Morgen). Fragen lassen sich mit einem Pardon (Entschuldigung) einleiten. Wer es gleich richtig lëtzebuergesch angehen mag, verwendet hier Entschëllegt.

*Wer sich nicht allein auf Gesten beschränken möchte, sollte die wichtigesten Richtungsangaben kennen.*

| | |
|---|---|
| **Wann ech gelift (w.e.g.)!** | Bitte! |
| **Gär geschitt!** | Bitteschön! |
| **An der Rei!** | Alles klar! O.k.! |
| **Merci!** | Danke! |
| **Awar!** | Auf Wiedersehen! |
| **Äddi!** | Tschüss! |
| **riicht virun, riichtaus** | geradeaus |
| **lénks** | links |
| **riets** | rechts |

## Ech sichen ... (Ich suche ...)

**Ech sichen de Findel.**
Ich suche den Flughafen.

| | |
|---|---|
| **Gare** | Bahnhof |
| **Klinik, Spidol** | Krankenhaus |
| **Apdikt** | Apotheke |
| **Police** | Polizei |
| **Pompjeën** | Feuerwehr |
| **Post** | Post |
| **Ambassade** | Botschaft |
| **Hëllef** | Hilfe |

Beim Einkaufen braucht man (die einzufügenden Wörter stehen in den Tabellen weiter hinten im Buch):

| | |
|---|---|
| **Hutt Dir ...?** | Haben Sie ...? |
| **Wat kascht dat?** | Was kostet das? |

## Einflüsse

Seit 1984 ist Lëtzebuergesch die anerkannte Nationalsprache, in der auch niederländische, jenische, deutsche und französische Begriffe auftauchen. Sie ist somit die Kauderwelsch-Sprache par excellence. In den angrenzenden Staaten ist dies jedoch bislang kaum bekannt. Achtzig Prozent der Einwohner des Großherzogtums Luxemburg palavern in erster Linie Lëtzebuergesch. Seit rund hundertfünfzig Jahren werden Romane in Lëtzebuergesch geschrieben, Theaterstücke und Kabarett in der Landessprache aufgeführt. Im letzten Jahrzehnt haben zahlreiche Filme und Fernsehproduktionen dieses Idiom neu für sich entdeckt. Luxemburgische Kinder können seit etwa 15 Jahren vermehrt Kinderbücher in ihrer Muttersprache lesen und eigene Fernsehkanäle versorgen die Zuschauer mit den neuesten Nachrichten auf Lëtzebuergesch. Überall begegnet einem das sprachliche Selbstbewusstsein. So heißt es im Reisepass der Luxemburger zuerst: Faarw vun den Aen, anschlie-

*Die Sprache ist in der Lage, Wörter aus anderen Sprachen zu assimilieren, also zu* verlëtzebuergeschen. *Diese Vereinnahmung kann zu kreativen, jedoch ungebräuchlichen Wortschöpfungen führen.*

ßend „*Couleur des yeux*" und schließlich „*Color of eyes*". Man beachte, dass es hier keiner deutschen Übersetzung mehr bedarf!

| | |
|---|---|
| **Stëbssuckeler** | Staubsauger |
| **Kapplauschterer** | Kopfhörer |
| **Häerzbéxelchen** | Büstenhalter |
| *Herzhöschen* | |

Es gibt auch eigenständige lëtzebuergesche Wörter ohne bekannten deutschen oder französischen Einfluss. Hier einige Beispiele:

| | | |
|---|---|---|
| *frz.* foutu | **futti** | kaputt |
| | **bestued** | verheiratet |
| | **dacks** | oft |
| | **ellen** | hässlich |
| *frz.* flemme | **Flemm** | Überdruss |
| | **lues** | langsam, leise |
| | **elo / lo** | jetzt |
| *dt.* Schinken | **Schanken** | Knochen |
| | **heiansdo** | ab und zu |
| | **séier** | schnell |
| | **knaschteg** | schmutzig |
| | **Gebeess** | Marmelade |
| | **freckt** | kaputt |
| | **Kéisecker** | Igel |

Die sprachlichen Einflüsse der beiden größten Nachbarländer führen zu Überlagerungen. Manchmal besitzt man die Qual der

Wahl. Sagt man nun Facteur oder Bréifdréier (Briefträger), par hasard oder zoufälleg (zufällig), insistéieren oder drop bestoen (darauf bestehen)? Oft werden diese „Dubletten" sehr sinnvoll zu einer genaueren Unterscheidung des Gegenstandes benutzt.

| | | | |
|---|---|---|---|
| **Gafel** | Heugabel | **Forschett** | Besteckgabel |
| **e Stéck Brout** | ein Stück Brot | **Rondel Zoossiss** | Wurstscheibe |
| **Äis** | Eis | **Glace** | Speiseeis |
| **Biller** | Bilder | **Tableau** | Gemälde |

Eine der schönsten Errungenschaften ist das tiefe Nachempfinden für Lautmalerisches:

*Das dem deutschen verwandte Wort dient meist dazu „einfache" Aspekte des bezeichneten Begriffs zu kennzeichnen, während sich die dem Französischen nahe Bezeichnung eher der „edleren" Seite zuwendet.*

| | |
|---|---|
| **Rëtsch am Collant** | Laufmasche |
| **Koplabunz** | Purzelbaum |
| **Nuesschnappech** | Taschentuch |
| **Dillendapp** | Kreisel |
| **néitschen** | niesen |
| **Knätsch** | Kaugummi |

Ein typisches Merkmal des Lëtzebuergeschen ist die Neigung zur Verkürzung:

| | |
|---|---|
| **A** | Auge |
| **Awar!** | Auf Wiedersehen! |
| **eenzock** | in einem Zug |
| **Fro** | Frage |
| **Kränkt** | Krankheit |
| **Mo** | Magen |

| | |
|---|---|
| **Plover** | Pullover |
| **vläit** | vielleicht |
| **Wéi** | Schmerz |
| **Wo** | Personenwaage |

**Maache mer elo ... Mamer'lo eng Paus?**
Machen wir jetzt eine Pause?

Lëtzebuergesch hat sich aus dem Moselfränkischen entwickelt und zahlreiche Wörter aus anderen Sprachen assimiliert. Hier ein kleiner Überblick sprachlicher Anleihen:

## Jenisch

*Kirmesbudenbesitzer, Zirkusleute und so genannte Lumpenkrämer sprachen früher untereinander eine Geheimsprache, die heute Jenisch genannt wird. Diese war freilich nur so lange geheim, wie sie dazu diente, Geschäfte unter Insidern abzuwickeln.*

Vor allem durch fahrendes Volk fand das Jenische bald Eingang in die offiziellen Sprachen. So findet man das jenische Wort für „Mädchen", Moss, ebenso im Luxemburgischen wie im Portugisischen wieder: moça („mossa" gesprochen). Das Jenische enthält auch Elemente aus dem Rotwelschen, der Zigeunersprache und dem Jiddischen. Bis heute haben sich aus dem Jenischen unter anderem die folgenden Ausdrücke im Luxemburgischen erhalten:

| | |
|---|---|
| **Bratsch** | dicke Frau |
| **Jempi** | Gendarm |
| **Kitt, Goss** | Geld |
| **Klemmes** | Gefängnis |
| **Klont** | liederliche Frau |
| **Klontebeies** | Bordell |

| | |
|---|---|
| **Knëff** | Kerl, Freund |
| **Kuff d'Schmull** | Halt's Maul |
| **Mouk** | Kröte, Geld |
| **Schécks, Moss** | Mädchen |
| **Schnorri** | Schnaps |
| **zoppen** | stehlen |

## Französisch

Eine große Anzahl von Wörtern hat das Lëtzebuergesch aus dem französischen Sprachraum entlehnt. Achtzig Prozent der Gastarbeiter in der Gastronomiebranche sind französischsprachig. Französisch ist die Sprache des schriftlichen Geschäftsverkehrs, der Justiz und der Verwaltung. Im normalen Alltagsleben ist es eher chic, Französisch zu benutzen. In gehobenen Kreisen fliegt man dann eben mit dem Avion und nicht mit dem Fliger.

| | |
|---|---|
| **Frigo** | Kühlschrank |
| **Velo** | Fahrrad |
| **Pneu** | Reifen |
| **Concours** | Wettbewerb |
| **Camion** | Lastwagen |
| **Répondeur** | Anrufbeantworter |
| **Ficelle** | Bindfaden |
| **Bonjour!** | Guten Tag! |
| **Merci!** | Danke! |

Viele französische Wörter sind jedoch verlëtzebuergescht:

**Kauderwelsch-AusspracheTrainer**
*Falls Sie sich die wichtigsten luxemburgischen Sätze, die in diesem Buch vorkommen, einmal von einem Einheimischen gesprochen anhören möchten, kann Ihnen Ihre Buchhandlung den **AusspracheTrainer** zu diesem Buch besorgen. Sie bekommen ihn auch über unseren Internetshop **www.reise-know-how.de** Alle Sätze, die Sie auf dem **Kauderwelsch-AusspracheTrainer** hören können, sind in diesem Buch mit einem 👂 gekennzeichnet.*

| | | |
|---|---|---|
| **mä/mee** | *mais* | aber |
| **bon** | *bon* | gut |
| **Timber** | *timbre* | Briefmarke |
| **Misär** | *misère* | Elend |
| **Vakanz** | *vacances* | Ferien |
| **Suen** | *sou* | Geld |
| **fëmmen** | *fumer* | rauchen |
| **mëll** | *mou* | weich |

Oft lässt sich die französische Herkunft nur noch erahnen:

| | | |
|---|---|---|
| **Ënnen** | *oignon* | Zwiebeln |
| **maarten** | *marchander* | feilschen |
| **Präbbeli** | *parapluie* | Regenschirm |
| **Schminni** | *cheminée* | Kamin |
| **Diwwi** | *duvet* | Bettdecke |
| **Koppel** | *couple* | Paar |

## Niederländisch

Der Wiener Kongress übereignete 1815 das Großherzogtum dem König der Niederlande. Diese Personalunion dauerte bis 1890.

| | | |
|---|---|---|
| **wann ech gelift** | *alsjeblieft* | bitte |
| **eng Kéier** | *een keer* | ein Mal |
| **klammen** | *klimmen* | klettern |
| **Léiw** | *leeuw* | Löwe |
| **Méiw** | *meeuw* | Möwe |
| **Joffer** | *juffrouw* | Fräulein |
| **Enkel** | *enkel* | Knöchel |

## Englisch

Wie fast alle Sprachen hat auch Lëtzebuergesch dem unaufhaltsamen Einfluss der Amerikanisierung nicht widerstehen können. *Cool, Action, heavy* und *relaxen* sind kaum mehr wegzudenken. Weitere englische Wörter sind:

| | |
|---|---|
| **Scouten** | Pfadfinder |
| **Living** | Wohnzimmer |
| **Parking** | Parkplatz |
| **Ham** | Schinken |
| **Speaker** | Sprecher (Rundfunk) |
| **Goal** | Tor (Sport) |

Übrigens stammt flirten nicht aus dem Englischen! Das Wort *fleurer* aus dem Französischen bedeutete, „von Blümchen zu Blümchen fliegen“. Es wurde von den Engländern übernommen. Die Franzosen und mit ihnen die Luxemburger haben das Wort dann reimportiert.

## Deutsch

Lëtzebuergesch und Deutsch sind eng miteinander verwandt. Der Dialekt, der beide Sprachen verbindet, ist das in der Südeifel und Teilen der Mosel gesprochene Moselfränkisch.

*Auch der Einfluss der deutschen Wörter zeigt sich sehr stark: sie haben noch ihren Platz.*

**Ausdauer, Bauer, Behälter, Föhn, Hand, Haus**

Für verschiedene Anlässe kann aus einer breiten Palette ausgewählt werden. In der Regel wird das deutsche Wort für den neutralen Begriff genommen und lëtzebuergesche Wörter um Stilunterschiede kenntlich zu machen.

| | |
|---|---|
| **Bauch** | neutrales Wort aus dem Deutschen |
| **Träip** | familiär für „Bauch“ |
| **Metti** | familiär und scherzhaft |
| **Panz** | vulgär |

*Die nahe Verwandtschaft zwischen beiden Sprachen erzeugt eine Menge falscher Freunde. Das heißt, ein lëtzebuergesches Wort sieht genau so aus wie ein deutsches, bedeutet aber etwas anderes.*

| | |
|---|---|
| **Brot** | Braten |
| **Schaf** | Schrank |
| **Mond** | Mund |
| **Lieder** | Leder |
| **Wand** | Wind |
| **Éier** | Ehre |
| **Dosen** | Dutzend |
| **Hummer** | Hammer |
| **schéissen** | schießen |
| **strecken** | bügeln |

Für deutsche Zungen ist es oft nur ein kleiner Schritt zum faux-pas:

| | |
|---|---|
| **Moud** | Mode |
| **Mued** | Made |
| **kéng** | kühn, mutig |
| **keng** | kein |
| **strécken** | binden, stricken |
| **strecken** | bügeln |
| **Demonstratioun** | Vorführung |
| **Manifestatioun** | Demonstration |

| | nicht: | sondern: |
|---|---|---|
| **plënneren** | *plündern* | umziehen |
| **eidel** | *eitel* | leer |
| **Affekot** | *Affenkot* | Rechtsanwalt |
| **klenge Koséng** | *kleiner Cousin* | Großneffe |
| **gewëss** | *gewiss* | Ach, woher denn |
| **Knascht** | *der Knast* | Dreck, Schmutz |
| **Kutsch** | *Kutsche* | Kinderwagen |
| **Brautrank** | *Brautrunk* | Ehering |
| **eng Foto huelen** | *ein Foto holen* | ein Foto machen |

| | |
|---|---|
| **Äschenteller** *Aschenteller* | Aschenbecher |
| **Zännseef** *Zahnseife* | Zahnpasta |
| **Rack** *Rock* | Kleid |
| **Margréidercher** *Margeriten* | Gänseblümchen |
| **haart** *hart* | laut, hart |
| **Drecksmännercher** *Drecksmännchen* | Müllmänner |
| **Bréifkëscht** *Briefkiste* | Briefkasten |
| **e Kranz Zoossiss** *ein Kranz Wurst* | ein Ring Wurst |
| **wie(n)?** | wer? |

*Oft kommt man ins Grübeln, verwendet der Luxemburger deutsche Begriffe doch gerne in etwas anderer Weise.*

## Sprachcocktail

Sprachliche Erdbeben, Verschiebungen und Überlagerungen sind die unausbleibliche Folge in einem Land, in dem so viele Sprachen lebendig sind.

| | |
|---|---|
| **Bréifboîte** | Briefkasten |
| **Rees-Agence** | Reisebüro |
| **Paltongstäsch** | Westentasche |
| **Buedbidden** | Badewanne |
| **Pêche melba** | Pfirsich Melba |
| **Äerdbiersglace** | Erdbeereis |
| **Bass de prett?** | Bist du fertig? |
| **Dat ass de Combel!** | Das ist die Höhe! |

# Artikel

Die Hauptwörter sind zwar auch männlich, weiblich und sächlich wie im Deutschen, es gibt aber nur zwei Formen für den bestimmten Artikel.

## bestimmer Artikel

| | |
|---|---|
| **d'Flemm** (w) | der Überdruss |
| **d'Hoer** (s) | das Haar |
| **d'Iddi** (w) | die Idee |
| **d'Joer** (s) | das Jahr |

Der bestimmte Artikel für die weibliche und sächliche Form heißt also immer d'. Wo möglich, werden die Worte gebunden gesprochen und gebunden geschrieben. Dies geschieht durch ein Bindungs-n. Der männliche bestimmte Artikel heißt somit entweder de oder den.

| | |
|---|---|
| **den Ament** | der Moment |
| **den Arrêt** | der Halt |
| **den Interview** | das Interview |
| **de Jong** | der Junge |
| **de Keser** | der Kaiser |
| **de Living** | das Wohnzimmer |
| **den Ouerréng** | der Ohrring |
| **de Samschdeg** | der Samstag |
| **de Virdeel** | der Vorteil |
| **den Zodi** | der Streit |

| | |
|---|---|
| **de Jemp** | Jean-Pierre |
| **de Jos** | Johann |
| **d'Kätti** | Katharina |
| **d'Marie** | Maria |

*Der bestimmte Artikel steht auch vor Eigennamen von Personen.*

Einige Ländernamen die im Deutschen keinen Artikel haben, stehen im Luxemburgischen mit Artikel:

| | |
|---|---|
| **de Kenya** | Kenya |
| **de Zaire** | Zaire |
| **d'Belsch** | Belgien |

## Hauptwörter

Die Beugung eines Hauptwortes im 2. Fall (z. B. des Hauses) erfolgt im Luxemburgischen über die Wendung vum (vom) oder séng (sein):

### der 2. Fall

**d'Fassad vum Haus**
die Fassade des Hauses

**de Jong vum Noper**
der Nachbarsjunge

**dem Auteur seng Wierker**
die Werke des Autors

**d'Rieder vum Auto**
die Räder des Autos

### der unbestimmte Artikel

| | unbetont | betont |
|---|---|---|
| m | **e Sprangbuer** | **ee Sprangbuer** |
| | ein Springbrunnen | ein Springbrunnen |
| s | **e Mantelbriet** | **ee Mantelbriet** |
| | eine Garderobe | eine Garderobe |
| w | **eng Péng** | **eng Péng** |
| | ein Schmerz | ein Schmerz |

Der männliche sowie der sächliche unbestimmte Artikel haben dieselbe Form (e). Der weibliche unbestimmte Artikel kennt keinen Unterschied zwischen betont und unbetont. Achtung: Auch hier kann ein Bindungs-n auftauchen:

| | |
|---|---|
| **en Nuesschnappech** | ein Taschentuch |
| **een Nuesschnappech** | ein Taschentuch |

## Mehrzahl (Mz)

Meistens wird einfach ein -en an die Einzahlform gehängt:

| | |
|---|---|
| **Apdikt** | Apotheke |
| **Apdikten** | Apotheken |
| **Gromper** | Kartoffel |
| **Gromperen** | Kartoffeln |

Steht bereits ein Selbstlaut am Ende des Wortes, wird die Mehrzahl mit -en gebildet:

| | | | |
|---|---|---|---|
| **Pneu** | Reifen | **Pneuen** | Reifen |
| **Kiwi** | Kiwi | **Kiwien** | Kiwis |
| **Tele** | Fernseher | **Teleen** | Fernseher |
| **Foto** | Foto | **Fotoen** | Fotos |

Einzahl und Mehrzahl können auch gleich lauten:

| | | | |
|---|---|---|---|
| **Fësch** | Fisch | **Fësch** | Fische |
| **Joer** | Jahr | **Joer** | Jahre |

Das Wort für „Streichholz" und „Streichhölzer" heißt in Luxemburg Fixfeier, es steht immer in der Einzahl! Auch Brout (Brot) kennt keine eigene Mehrzahlform. Einige Beispiele für unregelmäßige Bildung der Mehrzahl:

| | | | |
|---|---|---|---|
| **Bild** | Bild | **Biller** | Bilder |
| **Dësch** | Tisch | **Dëscher** | Tische |
| **Fouss** | Fuß | **Féiss** | Füße |
| **Hond** | Hund | **Hënn** | Hunde |
| **Maus** | Maus | **Mais** | Mäuse |
| **Schaf** | Schrank | **Schief** | Schränke |
| **Zant** | Zahn | **Zänn** | Zähne |

## Persönliche Fürwörter

**wer oder was? / 1. Fall**

| | betont | unbetont |
|---|---|---|
| ich | **ech** | **ech** |
| du | **du** | **de** |
| er | **hie(n)** | **e(n)** |
| sie | **si** | **se** |
| es | **hatt** | **et** |
| wir | **mir** | **mer** |
| ihr / Sie | **dir / Dir** | **der / Der** |
| sie | **si** | **se** |

Wichtig ist eine genaue Unterscheidung zwischen der unbetonten und der betonten Form, es kann sonst leicht zu Missverständnissen kommen. Spricht man beispielsweise über eine bekannte, vertraute Person, so wird häufiger das persönlichere, unbetonte Pronomen benutzt:

**Wéi geet et dem Natalie?**
Wie geht es Natalie?

**Gutt, ech hunn hatt gëscht nach gesinn.**
Gut, ich habe sie gestern noch gesehen.

**Wat huet et gesot?** **Näischt!**
Was hat sie gesagt? Nichts!

**Majo, da geet et ëm gutt!**
Naja, dann geht es ihr gut.

In einigen Gegenden Deutschlands schafft man eine ähnliche Form dieser persönlicheren Fürwörter, indem man einfach aus dem „sie“ ein se macht (Was hat se'gesacht?)

## wem oder was? / 3. Fall

Man unterscheidet auch hier wieder zwischen betonten und unbetonten Fürwörtern, wobei die unbetonte Form oftmals einfach nur verwendet wird, um flüssiger sprechen zu können.

| | betont | unbetont |
|---|---|---|
| mir | mir | mer |
| dir | dir | der |
| ihm | him | ëm |
| ihr | hir | er |
| uns | eis / ons | eis / ons |
| euch / Ihnen | iech / Iech | iech / Iech |
| ihnen | hinne(n) | hinne(n) |

## wen oder was? / 4. Fall

| | betont | unbetont |
|---|---|---|
| mich | **mech** | **mech** |
| dich | **dech** | **dech** |
| ihn | **hie(n)** | **en** |
| sie | **si** | **se** |
| es | **hatt** | **et** |
| uns | **eis / ons** | **eis / ons** |
| euch / Sie | **iech / lech** | **iech / lech** |
| sie | **si** | **se** |

Die Wendungen eis und ons sind sowohl im 3. als auch im 4. Fall austauschbar und gleichberechtigt.

**Et huet nët bougéiert.** (unbetont)
Es hat sich nicht bewegt.

**Ech hun hatt fotograféiert.** (betont)
Ich habe es fotografiert (ein Kind).

© Nationales Touristikamt Luxemburg

Casino Luxembourg, Forum für Zeitgenössische Kunst

# Besitzanzeigende Fürwörter

Die Besitzverhältnisse sind auch in Luxemburg durch eine Reihe von besitzanzeigenden Fürwörtern (Possessivpronomen) klar geregelt.

| männlich | weiblich | sächlich |
|---|---|---|
| **mäi (n)** | **meng** | **mäi (n)** |
| mein | meine | mein |
| **däi (n)** | **deng** | **däi (n)** |
| dein | deine | dein |
| **säi (n)** | **seng** | **säi (n)** |
| sein | seine | sein |
| **hire (n)** | **hir** | **hiert** |
| ihr | ihre | ihr |
| **eise (n)** | **eis / ons** | **eist / onst** |
| unser | unsere | unser |
| **äre (n)** | **är** | **äert** |
| euer | eure | euer |
| **hire (n)** | **hir** | **hiert** |
| ihr | ihre | ihr |

**Deng Nopesch ass nët bestued.**
Deine Nachbarin ist nicht verheiratet.

**Äre Billjee as nët an der Rei.**
Mit Ihrer Fahrkarte stimmt was nicht.

**Mäi Guide ass ze al.**
Mein Stadtführer ist zu alt.

*Die weiblichen besitzanzeigenden Fürwörter haben dieselbe Form wie die Mehrzahl.*

## Dieses & Jenes

Das hinweisende Fürwort (Demonstrativpronomen) „dieser, diese, dieses; jener, jene, jenes“ kann auf zwei Arten gebildet werden, zum einen mit den Wörtern dëse (m), dës (w) und dëst (s):

| | |
|---|---|
| **dëse Buttek** (m) | dieses Geschäft |
| **dës Moud** (w) | diese Mode |
| **dëst Pond** (s) | dieses Pfund |

... zum anderen durch die betonte Form des bestimmten Artikels.

*Das männliche Fürwort heißt in diesem Falle* dee(n), *das weibliche* déi *und das sächliche* dat.

**Mir ginn duerch de Bësch.**
Wir gehen durch den Wald.

**Mir ginn duerch dee Bësch.**
Wir gehen durch diesen Wald.

**D'Tranche Kéis ass dënn.**
Die Scheibe Käse ist dünn.

**Déi Tranche Kéis ass déck.**
Diese Scheibe Käse ist dick.

**D'Uebst ass nët zeideg.**
Das Obst ist nicht reif.

**Dat Uebst ass zeideg.**
Dieses Obst ist reif.

## Bindewörter

| | |
|---|---|
| **an** | und |
| **awer / mä / ma /mee** | sondern |
| **dacks** | oft |
| **immens** | sehr |
| **dajee** | na los |
| **jee** | naja |
| **mä /mee** | aber |
| **majó** | aber ja doch |
| **méi** | mehr |
| **neess** | wieder |
| **nujee** | nun ja |
| **oder** | oder |
| **wéi wann** | als ob |
| **well** | weil |

## Eigenschaftswörter

Eigenschaftswörter (Adjektive) stehen vor dem Hauptwort.

**Mäi klenge Frënd.**
Mein kleiner Freund.

**Déi verstoppte Suen.**
Das versteckte Geld.

Auf der nächsten Seite folgt eine Liste häufig gebrauchter Eigenschaftswörter.

# Eigenschaftswörter

| | | | |
|---|---|---|---|
| **al** | alt | **kleng** | klein |
| **aarm** | arm | **laang** | lang |
| **batter** | bitter | **lëschteg** | lustig |
| **bëlleg** | billig | **liddereg** | faul |
| **däischter** | dunkel | **liicht** | leicht |
| **déck** | dick | **lues** | langsam |
| **deier** | teuer | **mëll** | weich/ dumm |
| **dënn** | dünn | **nei** | neu |
| **drechen** | trocken | **niddreg** | niedrig |
| **ellen** | hässlich | **propper** | sauber |
| **falsch** | falsch | **räich** | reich |
| **faul** | langweilig | **réi** | roh |
| **fläisseg** | fleißig | **richteg** | richtig |
| **frësch** | frisch | **säfteg** | saftig |
| **gekacht** | gekocht | **salzeg** | salzig |
| **gliddeg** | heiß, glühend | **sauer** | sauer |
| **grouss** | groß | **séiss** | süß |
| **gutt** | gut | **schaarf** | scharf |
| **haart** | hart, laut | **schéin** | schön |
| **héich** | hoch | **schlecht** | schlecht |
| **hell** | hell | **schwéier** | schwierig |
| **jonk** | jung | **séier** | schnell |
| **kal** | kalt | **traureg** | traurig |
| **knaschteg** | schmutzig | **waarm** | warm |
| **knéckeg** | geizig | **zeideg** | reif |

*Das Eigenschaftswort* faul *hat verschiedene Bedeutungen:*

| | |
|---|---|
| **fault Uebst** | faules Obst |
| **e faule Kärel** | ein langweiliger Kerl |
| **e lidderege Mënsch** | ein fauler Mensch |

## Farben

| | | | |
|---|---|---|---|
| **blo** | blau | **moof** | lila |
| **brong** | braun | **orange** | orange |
| **gëllen** | golden | **rout** | rot |
| **giel** | gelb | **schwaarz** | schwarz |
| **gréng** | grün | **sëlwer** | silbern |
| **gro** | grau | **wäiss** | weiß |

## Steigern & Vergleichen

Die erste Steigerungsform bildet man, indem man dem Eigenschaftswort ein méi (mehr) voranstellt:

| | |
|---|---|
| **méi bëlleg** | billiger |
| **méi nei** | neuer |
| **méi deier** | teurer |
| **méi zeideg** | reifer |

Entsprechend einfach ist das Vergleichen.

**Him seng Auer geet méi lues wéi meng.**
*ihm seine Uhr geht mehr langsam als meine*
Ihre Uhr geht langsamer als meine.

**Säin neie Paltong ass méi chic wéi däin.**
Seine neue Jacke ist eleganter als deine.

Weitere Vergleichsformen lassen sich mit esou wéi (so wie), wéi (wie) und manner wéi (weniger als) bilden.

**Hien ass wéi säi Papp.**
Er ist wie sein Vater.

**Dëse Knätsch schmaacht esou schlecht wéi Stréi.**
Dieser Kaugummi schmeckt so schlecht wie Stroh.

**Dësen Orangejus ass manner giel wéi lescht kéier.**
Dieser Orangensaft ist nicht so gelb wie das letzte Mal.

Die höchste Steigerungsform (Superlativ) wird immer wie bei längeren Eigenschaftwörtern im Deutschen gebildet:

| | | |
|---|---|---|
| **räich** | **méi räich** | **am räichsten** |
| reich | reicher | am reichsten |

Für Hauptwörter gilt:

| | |
|---|---|
| **de Gréissten** | der Größte |
| **de Beschten** | der Beste |
| **dat Bëllegst** | das Billigste (feststehender Ausruck) |
| **de Schéinsten** | der Schönste |
| **de Bëllegsten** | der Billigste |

Ausnahmen gibt's natürlich auch, sind uns aber aus dem Deutschen bereits wohlvertraut:

| | | |
|---|---|---|
| **wéineg** | **manner** | **am mannsten** |
| wenig | weniger | am wenigsten |
| **gutt** | **besser** | **am beschten** |
| gut | besser | am besten |

Für wéineg kann man durchaus auch mann sagen.

## Tätigkeitswörter

Die erste Person des Tätigkeitswortes (ich) ist fast immer mit der Grundform (Infinitiv) identisch. Das erleichtert das Lernen ungemein.

Das Tätigkeitswort gin heißt sowohl „werden" als auch „geben" und ist auch die Form der ersten Person des Tätigkeitswortes „gehen".

**Ech ginn Affekot.**
Ich werde Rechtsanwalt.

**Ech ginn dir dat gär.** **Ech ginn heem.**
Ich gebe dir das gerne. Ich gehe nach Hause.

## die wichtigsten Tätigkeitswörter

| | Inf./„ich" ech | „du" du | „er/sie" nie(n)/si | „wir/sie" Mir/si | „ihr/Sie" dir/Dir | Partizip |
|---|---|---|---|---|---|---|
| arbeiten | schaffen | schaffs | schafft | schaffen | schafft | geschafft |
| begegnen | begéinen | begéins | begéint | begéinen | begéint | begéint |
| bleiben | bleiwen | bleifs | bleift | bleiwen | bleift | bliwwen |
| bringen | bréngen | bréngs | bréngt | bréngen | bréngt | bruecht |
| bekommen | kréien | kriss | kritt | kréien | kritt | kritt |
| denken, | mengen | mengs | mengt | mengen | mengt | gemengt |
| erzählen | erzielen | erziels | erzielt | erzielen | erzielt | erzielt |
| essen | iessen | ëss | ësst | iessen | iesst | giess |
| fahren | fueren | fiirs | fiirt | fueren | fuert | gefuer |
| fallen, falten | falen | fälls | fällt | falen | faalt | gefall/-fält |
| finden | fannen | fënds | fënt | fannen | fant | fond |
| fragen | froen | frees | freet | froën | frot | gefrot |
| fühlen | fillen | fills | fillt | fillen | fillt | gefillt |
| glauben | glewen | gleefs | gleeft | glewen | gleeft | gegleeft |
| haben | hunn | hues | huet | hunn | hutt | gehat |
| heben | hiewen | hiefs | hieft | hiewen | hieft | gehuewen |
| helfen | hëllefen | hëllefs | hëlleft | hëllefen | hëlleft | gehollef |
| hören | héieren | héiers | héiert | héieren | héiert | héieren |
| holen | huelen | hëls | hëlt | huelen | huelt | geholl |
| kaufen | kafen | keefs | keeft | kafen | kaaft | kaaft |
| kennen | kennen | kenns | kennt | kennen | kennt | kannt |
| kommen | kommen | kënns | kënnt | kommen | kommt | komm |
| laufen | lafen | leefs | leeft | lafen | laaft | gelaf |
| lassen | loossen | léiss | léisst | loossen | loosst | gelooss |
| leben | liewen | liefs | lieft | liewen | lieft | gelieft |
| legen | leën | lees | leet | leën | leet | geluegt |
| lernen | léieren | léiers | léiert | léieren | léiert | geléiert |
| liegen | leien | läis | läit | leien | leit | geleen |
| lügen | léien | litts | litt | léien | litt | gelunn |
| machen | maachen | méchs | mécht | maachen | maacht | gemaach |
| malen | molen | mools | moolt | molen | moolt | gemoolt |

| | | | | | | |
|---|---|---|---|---|---|---|
| rauchen | fëmmen | fëmms | fëmmt | fëmmen | fëmmt | gefëmmt |
| rufen | ruffen | riffs | rifft | ruffen | rufft | geruff |
| sagen | soen | sees | seet | soen | sot | gesot |
| schauen | kucken | kucks | kuckt | kucken | kuckt | gekuckt |
| schlafen | schlofen | schléifs | schléift | schlofen | schlooft | geschlof |
| schreien | jäizen | jäiz | jäizt | jäizen | jäizt | gejaut |
| sehen | gesinn | gesäis | gesäit | gesinn | gesitt | gesinn |
| singen | sangen | séngs | séngt | sangen | sangt | gesongen |
| sitzen | sëtzen | sëtz | sëtzt | sëtzen | sëtzt | gesiess |
| stellen | setzen | setz | setzt | setzen | setzt | gesat |
| suchen | sichen | sichs | sicht | sichen | sicht | gesicht |
| tragen | droen | dréis | dréit | droen | drot | gedroen |
| trinken | drénken | drénks | drénkt | drénken | drénkt | gedronk |
| wählen | wielen | wiels | wielt | wielen | wielt | gewielt |
| warten | waarden | waarts | waart | waarden | waart | gewaart |
| weinen | kräischen | kräischs | kräischt | kräischen | kräischt | gekrasch |
| werden, geben | ginn | gëss | gëtt | ginn | gëtt/gitt | ginn |
| ziehen | zéien | zitts | zitt | zéien | zitt | gezunn |

Tätigkeitswörter, bei denen die Grundform nicht der 1. Person entspricht:

| | | | | | | |
|---|---|---|---|---|---|---|
| dürfen | däerfen/däerf | däerfs | däerf | däerfen | däerft | däerfen |
| gehen | goen/gin | geess | geet | ginn | gitt | gaang |
| können | kënnen/kann | kanns | kann | kënnen | kënnt | konnt |
| stehen | stoen/stinn | steess | steet | stinn | stitt | gestan |
| verstehen | verstoen/verstin | verstees | versteet | verstin | versteet | verstan |
| wissen | wëssen/weess | weess | weess | wëssen | wësst | gewosst |
| wollen | wëllen/wëll | wëlls | wëllt | wëllen | wëllt | gewollt |

Besonderes Augenmerk gilt den Tätigkeitswörtern gesinn (sehen) und héieren (hören). Hier sind die Formen der Vergangenheit und der Gegenwart gleich:

**Hues du e gesinn?**
Hast du ihn gesehen?

**Ech gesinn dech well méi dacks.**
Ich sehe dich jetzt öfters.

**Ech héieren d'Musek.**
Ich höre die Musik.

**Dat hunn ech ni héieren.**
Das habe ich nie gehört.

## sein & haben

| | | **sinn** (sein) | **hunn** (haben) |
|---|---|---|---|
| **ech** | ich | **sinn** | **hunn** |
| **du** | du | **bass** | **hues** |
| **hie(n)** | er | | |
| **si** | sie | **ass** | **huet** |
| **hatt** | es | | |
| **mir** | wir | **sinn** | **hunn** |
| **dir** | ihr | **sidd** | **hutt** |
| **si** | sie | **sinn** | **hunn** |

**Si ass Infirmière.**
Sie ist Krankenschwester.

**Hien huet Péng.**
Er hat Schmerzen.

**Si sinn aus der Belsch.**
Sie kommen aus Belgien.

# Vergangenheit

Von den beiden Arten, die Vergangenheit zu bilden, tritt die des Imperfekts (z. B. er lief) immer mehr in den Hintergrund. Nur die häufig gebrauchten starken Tätigkeitswörter haben noch ein Imperfekt.

## Imperfekt

| | |
|---|---|
| **kréien** | **ech krut** |
| bekommen | ich bekam |
| **goen** | **hie goung** |
| gehen | er ging |
| **kommen** | **si koum** |
| kommen | sie kam |
| **ginn** | **ech gouf** |
| geben / werden | ich gab / wurde |
| **soen** | **hie sot** |
| sagen | er sagte |
| **sëtzen** | **si souz** |
| sitzen | sie saß |

| | | sein | haben |
|---|---|---|---|
| **ech** | ich | **war** | **hat** |
| **du** | du | **wars** | **has** |
| **hie(n)** | er | | |
| **si** | sie | **war** | **hat** |
| **hatt** | es | | |
| **mir** | wir | **waren** | **haten** |
| **dir** | ihr | **wart** | **hat** |
| **si** | sie | **waren** | **haten** |

*Das* a *wird bei „sein" und „haben" in der Vergangenheit immer lang gesprochen.*

## Perfekt

Weitaus häufiger als das Imperfekt benutzt man eine andere Form der Vergangenheit, das Perfekt. Es wird gebildet mit der Gegenwartsform der Tätigkeitswörter sinn (sein) oder hunn (haben) und dem Partizip (Mittelwort) (z. B. gegessen, gesungen, gemacht usw.):

| | |
|---|---|
| **ech hu kaaft** | ich habe gekauft |
| **du hues giess** | du hast gegessen |
| **hien/si/hat huet verstan** | er/sie/es hat verstanden |
| **mir hu geduecht** | wir haben gedacht |
| **dir hutt gemengt** | ihr habt gedacht |
| **si hu geschafft** | sie haben gearbeitet |

Die Verben der Fortbewegung bilden das Perfekt sinn (sein):

| | |
|---|---|
| **ech si gaang** | ich bin gegangen |
| **du bass gefuer** | du bist gefahren |
| **hien/si/hatt ass gelaf** | er/sie/es ist gelaufen |
| **mir si komm** | wir sind gekommen |
| **dir sidd geklomm** | ihr seid geklettert |
| **si si geflunn** | sie sind geflogen |

Besondere Beachtung verdient das Tätigkeitswort ginn (geben, werden). Die Vergangenheit wird sowohl mit sinn (sein) als auch mit hunn (haben) gebildet:

| | |
|---|---|
| **ech hu ginn** | ich habe gegeben |
| **ech si ginn** | ich bin geworden |

# Zukunft

Wie im Deutschen kann die Gegenwartsform des Tätigkeitswortes auch für die Zukunft herangezogen werden:

**Haut geet et mer gutt.**
Heute geht's mir gut.

**Muer geet et mer sou gutt wéi ni.**
Übermorgen geht es mir so gut wie nie.

*Die Zukunft mit* wäerden *wird in der Regel im Sinne von „wird wohl“ benutzt.*

Die Zukunft bildet man auch mit wäerd(en) (werden). Achtung: wäerd (en) ist nicht mit dem Tätigkeitswort gin (werden) identisch:

**Ech wäerd kommen.**
Ich werde kommen.

**Ech ginn Dokter.**
Ich werde Arzt.

**Ech wäerd Gedold hun.**
Ich werde Geduld haben.

**Du wäerts midd sin.**
Du wirst müde sein.

**hie/si/hatt wäerd kommen**
er/sie/es wird kommen

**mir wäerde(n) soen**
wir werden sagen

**dir wäert glewen**
ihr werdet glauben

**si wäerde(n) gesinn**
sie werden sehen

# Möglichkeitsform

Die Möglichkeitsform (Konditional) kann wahlweise mit géif (gäbe), mit géing (ging) oder mit déit (täte) gebildet werden.

| | |
|---|---|
| **ech géif soen**<br>*ich gäbe sagen* | ich würde sagen |
| **ech géing soen**<br>*ich ging sagen* | ich würde sagen |
| **ech déit soen**<br>*ich täte sagen* | ich würde sagen |

**Ech géif jo gären hei bleiwen, mä ech hunn keng Zäit.**
Ich würde ja gerne hier bleiben, aber ich habe keine Zeit.

Schwebsinger Weinberge

## Verhältniswörter

Die wichtigsten Verhältniswörter (Präpositionen) lauten:

| | |
|---|---|
| **vrun, virun** | vor |
| **ënnert** | unter |
| **tëschent / tëscht** | zwischen |
| **iwwert** | über |
| **niewent** | neben |
| **hannert** | hinter |
| **laanscht** | entlang |
| **vis-a-vis, géintiwwer** | gegenüber |
| **an** | in |
| **bei** | bei |
| **op** | auf, nach, zu |
| **no** | nach (zeitl.) |

„Auf, zu" und „nach" im räumlichen und nicht im zeitlichen Sinne heißt immer op:

**D'Täscheluucht läit op dem Schaf.**
Die Taschenlampe liegt auf dem Schrank.

**Ech fueren haut op Paräis.**
Ich fahre heute nach Paris.

**Hie geet op d'Gare.**
Er geht zum Bahnhof.

**De Wäin steet um Dësch.**
Der Wein steht auf dem Tisch.

*Das Wörtchen* um *ist aus* op *und* dem *zusammengezogen.*

Ein zeitliches „nach" drückt man mit no aus:

**No der Vakanz …**
Nach den Ferien …

Auch das deutsche „in" kann unterschiedlich ausgedrückt werden:

**Si wunnt zu Tréier.**
Sie wohnt in Trier.

**Bass du an der Kichen?**
Bist du in der Küche?

*Wikipedia ass eng fräi Enzyklopedie, déi zesummen opgebaut gëtt a wou den Inhalt fräi benotzbar ass. Dir kënnt direkt mathëllefen!*

*Wer online* Lëtzebuergesch *lernen möchte, kann das auf dieser WWW-Seite tun:*
www.al.lu/materials/interact/
*Das interaktive Lexikon Wikipedia gibt es übrigens auch auf* Lëtzebuergesch. *Man findet es im Netz unter* lb.wikipedia.org/wiki/

## Fragen

Einfache Erkundigungen können erfragt werden mit:

**Ass dat …?**
Ist das …?

**As dat hei d'Rue du Curé?**
Ist das hier die Rue du Curé?

Das Tätigkeitswort steht in der Frage vorne:

**Sid Dir vun hei?**
Sind Sie von hier?

**Geet hie mat?**
Geht er mit?

Nachfolgend die wichtigsten Fragewörter, sie werden anhand von Beispielsätzen gezeigt. Aufgepasst: wat entspricht nicht immer „was“:

**Wat gelift?**
Wie bitte?

**Fir wat ass et?**
Worum geht's?

**Wat fir eng Sprooch ass dat?**
Welche Sprache ist das?

**Wien ass do?**
Wer ist da?

**Wie kënnt mat?**
Wer kommt mit?

**Wie sidd Dir?**
Wer sind Sie?

**Wéini ass en ërem do?**
Wann ist er wieder da?

**Wéivill hues du gedronk?**
Wie viel hast du getrunken?

**Wéi spéit ass et?**
Wie spät ist es?

**Wuer/Wouhi gi mer?**
Wohin gehen wir?

**Vu wou/Wouhir bass du?**
Woher kommst du?

**Wou wunnt Dir wann ech gelift?**
Wo wohnen Sie, bitte?

**Firwat gees du nët mat?**
Warum gehst du nicht mit?

**Woubäi drénkt ee roude Wäin?**
Zu was trinkt man roten Wein?

# Zahlen & Zählen

## Grundzahlen

| | | | |
|---|---|---|---|
| 0 | **null** | 18 | **uechzeng** |
| 1 | **eent** (m), **eng** (w) | 19 | **nonzeng** |
| 2 | **zwee** (m), **zwou** (w) | 20 | **zwanzeg** |
| 3 | **dräi** | 21 | **eenanzwanzeg** |
| 4 | **véier** | 22 | **zweeanzwanzeg** |
| 5 | **fënnef** | 30 | **drësseg** |
| 6 | **sechs** | 40 | **véierzeg** |
| 7 | **siwen** | 50 | **fofzeg** |
| 8 | **aacht** | 60 | **siechzeg** |
| 9 | **neng** | 70 | **siwenzeg** |
| 10 | **zeng** | 80 | **uechzech** |
| 11 | **elef** | 90 | **nonzeg** |
| 12 | **zwielef** | 100 | **honnert** |
| 13 | **dräizeng** | 200 | **zweehonnert** |
| 14 | **véierzeng** | 1000 | **dausend** |
| 15 | **fofzeng** | 10000 | **zéngdausend** |
| 16 | **siechzeng** | 100.000 | **honnertdausend** |
| 17 | **siwenzeng** | 1000000 | **eng Millioun** |

| | |
|---|---|
| ½ | **eng Halschent** |
| ¼ | **e Véirel** |
| eine halbe Stunde | **eng hallef Stonn** |
| ein halber Liter | **en halwe Liter** |

**nonzenghonnertsiwenanonzeg**
*neunzehn-hundert-sieben-und-neunzig*
1997

## Ordnungszahlen

| | | | |
|---|---|---|---|
| **éischtens** | erstens | **sechstens** | sechstens |
| **zweetens** | zweitens | **siwentens** | siebentens |
| **drëttens** | drittens | **aachtens** | achtens |
| **véiertens** | viertens | **nengtens** | neuntens |
| **fënneftens** | fünftens | **zengtens** | zehntens |

## Zeitangaben

**Minutt**
Minute

**Sekonn**
Sekunde

**Stonn**
Stunde

Nach der Uhrzeit fragt man:

**Wéi spéit ass et?**
Wie spät ist es?

**Wéivill Auer ass et?**
Wie viel Uhr ist es?

Die Antwort könnte lauten:

| | |
|---|---|
| **Et ass ...** | Es ist ... |
| **véier Auer** | vier Uhr |
| **véirel op siwen** | Viertel nach sieben |
| **halwer fënnef** | halb fünf |
| **véirel vir zwielef** | Viertel vor zwölf |

**E kënnt géint zwielef erëm.**
Er kommt gegen zwölf wieder.

# Zeitangaben

| | | | |
|---|---|---|---|
| **Moien** | Morgen | **moies** | morgens |
| **Mëtteg** | Mittag | **mëttes** | mittags |
| **Nomëtteg** | Nach-mittag | **nomëttes** | nach-mittags |
| **Owend** | Abend | **owes** | abends |
| **Nuecht** | Nacht | **nuets** | nachts |

| | |
|---|---|
| **bal** | bald |
| **dacks** | oft |
| **direkt** | sofort |
| **ëmmer** | immer |
| **ewell, elo** | jetzt |
| **fréier – ze fréi** | früher – zu früh |
| **gëschter** | gestern |
| **haut** | heute |
| **heiansdo** | ab und zu |
| **iwwermar** | übermorgen |
| **lues a lues** | nach und nach |
| **mar, muer** | morgen |
| **Mokuchsdag** | Sanktnimmerleinstag |
| **ze spéit** | zu spät |
| **virgëschter** | vorgestern |

## Wochentage

| | |
|---|---|
| **Méindeg** | Montag |
| **méindes** | montags |
| **Dënschdeg** | Dienstag |
| **dënschdes** | dienstags |
| **Mëttwoch** | Mittwoch |
| **mëttwochs** | mittwochs |
| **Donneschdeg** | Donnerstag |

| | |
|---|---|
| **donneschdes** | donnerstags |
| **Freideg** | Freitag |
| **freides** | freitags |
| **Samschdeg** | Samstag |
| **samschdes** | samstags |
| **Sonndeg** | Sonntag |
| **sonndes** | sonntags |

| | |
|---|---|
| **d'lescht Woch** | letzte Woche |
| **de viregte Mount** | im vorigen Monat |
| **dat anert Joer** | nächstes Jahr |
| **haut aacht Deeg** | heute in acht Tagen |

## Monate

Der Ausdruck „Monat" leitet sich vom Umlauf unseres Mondes ab. Dies ist im Lëtzebuergeschen deutlich zu sehen:

| | | | |
|---|---|---|---|
| **Mount** | Monat | **d'Méint** | Monate |
| **Mound** | Mond | **Mond** (!) | Mund |

*Achtung: Aussprache von Mond = kurzes „o", nicht langes „o" wie im Deutschen!*

Die Monate sind mit den deutschen identisch bis auf diese drei:

| | | |
|---|---|---|
| **Mäerz** | **Abrëll** | **Mee** |
| März | April | Mai |

## Jahreszeiten

| | | | |
|---|---|---|---|
| **Fréijoer** | Frühjahr | **Summer** | Sommer |
| **Hierscht** | Herbst | **Wanter** | Winter |

## Maße & Mengen

Beim Einkaufen kann man folgende Angaben gut gebrauchen.

| | |
|---|---|
| **ee Kilo** | 1000 Gramm |
| **ee Pond** | 500 Gramm |
| **en halleft Pond** | 250 Gramm |
| **en halwe Liter** | ½ Liter |
| **e véirels Liter** | ¼ Liter |
| **eng Dosen** | ein Dutzend |
| **an der Dosen** | im Dutzend |
| **eng hallef Dosen** | ½ Dutzend |
| **eng Fläsch** | eine Flasche |
| **e Filet Ënnen** | ein Netz Zwiebeln |
| **e Pak** | Päckchen |
| **fënnef Stéck** | fünf Stück |
| **eng Béchs** | eine Büchse |
| **en Dëppchen** | ein Becher |
| **eng Tut** | eine Tüte |

Beim Käse- und Wurstkauf stellt sich außerdem die folgende Frage:

**An Tranchen oder am Stéck?**
In Scheiben oder am Stück?

### weitere Mengenangaben

| | |
|---|---|
| **e bëssi** | ein wenig |
| **e klengt besschen** | ein klein wenig |
| **et ass genuch** | es ist genug |

| | |
|---|---|
| **et as gutt** | es reicht |
| **eng Grëtz, eng Grimmel** | ein bisschen |
| **koupweis** | haufenweise |
| **e ganze Koup** | ein ganzer Haufen |
| **eppes méi** | etwas mehr |
| **nach eent** | noch eins |
| **eng Pouz** | eine Prise |
| **eng Rëtsch Wierder** | eine Menge Wörter |

Unter www.crpgl.lu/cortina kann man die Wörter der luxemburgischen Sprache mit einem „spellcheck" auf ihre Schreibweise hin überprüfen.

Und auf www.al.lu/materials/interact befindet sich „en interactive Schreif – a Liescours fir Grouss a Kleng", also ein interaktiver Schreib- und Lesekurs für Groß und Klein. Viel Spaß beim „Wörtersurfen"!

## Abkürzungen

Auf folgende häufige Abkürzungen werden Sie möglicherweise stoßen:

| | | |
|---|---|---|
| **a.s.w.** | **a sou weider** | und so weiter |
| **resp.** | **respektiv** | beziehungsweise |
| **evt.** | | eventuell |
| **bd** | **Boulevard** | breite Straße |
| **Av.** | **Avenue** | Straße, Allee |
| **w.e.g.** | **wann ech gelift** *wie es Euch beliebt* | bitte |

© Nationales Touristikamt Luxemburg

Skulpturen auf dem Theaterplatz, Luxemburg-Stadt

## Kurz-Knigge

In Luxemburg geht auf den ersten Blick alles ein klein wenig schicker, internationaler und einen Tick formeller zu als in den Nachbarländern. Da es hier keine Universität gibt, fehlt jegliche Studentenkultur. Ein in die Länge gezogenes Frühstück, wie man es etwa in Berlin rund um die Uhr zu sich nehmen kann, wäre hier undenkbar, zumal sich die Frühstückskultur an mediterranen Gepflogenheiten misst und meist auf ein Croissant und einen Kaffi (Kaffee) beschränkt. Gerade deshalb sollte man von vornherein auf ein arrogant wirkendes Vergleichen verzichten.

Luxemburg ist zwar ein kleines Land, aber nichts wirkt hier so deplatziert wie die aufschneiderischen Kommentare der Nachbarn: „Was, das gibt es hier nicht?" oder „Bei uns ist das alles etwas größer!" Auch sportlich reagiert man im Großherzogtum leicht gekränkt auf etwaige Vergleiche mit „großen" deutschen oder italienischen Mannschaften. Immerhin misst man sich auf sportlicher Ebene alle vier Jahre auf der „Olympiade der kleinen Staaten" mit Andorra und Liechtenstein. Großkotziges Protzen kann da nur zum Nachteil ausgelegt werden. Gerade deutsche Witze über Zwergstaaten dürfte man dem Besucher übel nehmen. Waren es doch zuletzt die Deutschen, die den kleinen Staat überrollt und die Bewohner mit französischen Nachnamen gezwungen haben, deutsche anzunehmen. Damals schon hatte das luxemburgische Volk versucht, dem Druck standzuhalten, und in einer von den Nationalsozialisten erzwungenen Volksbefragung, welche Sprache denn die Landessprache sei, einstimmig bekundet: Lëtzebuergesch.

*Die Luxemburger freuen sich sehr über Menschen, die sich Mühe geben, ihre Sprache zu verstehen oder sie sogar zu erlernen.*

In Restaurants sollte man, sofern möglich, versuchen die Bestellung auf Französisch aufzugeben. Achtzig Prozent der Beschäftigten in diesem Gewerbe sind Franzosen oder französischsprachige Belgier. Der Tourist sollte also nicht erbost sein, wenn man ihn selbst in solch einem polyglotten Land wie Luxemburg nicht versteht. Wenden Sie sich in solch einem Fall lieber an Ihre Nachbarn. Einer von ihnen versteht bestimmt Deutsch.

Die Luxemburger sind freundliche, weltoffene und neugierige Menschen, die sich gerne etwas mehr Zeit für die Dinge nehmen. So spöttelt man über die hektischen Schlappentouristen, die schnell alles fotografieren und zu geizig sind, sich eine gute Mahlzeit oder ein paar gute Schuhe zu gönnen.

Wer es sich leisten kann, sollte daran denken, wenn er irgendwo im Großherzogtum eingeladen wurde: Die Gastgeber freuen sich immer über einen guten französischen Champagner. Auch Schlékereien, wie beispielsweise Pralinen von „Leonidas“ oder „Namur“, sind gern gesehen.

# Anrede

Die erste Wendung, der man auf Schritt und Tritt begegnet und die für deutsche Ohren etwas altertümlich klingen mag, ist Joffer. Dieser Begriff ist dem deutschen Wort „Jungfrau" verwandt und entspricht dem Wort „Fräulein". Es liegt auf der Hand, dass diese Anrede inzwischen auch von luxemburgischen Frauen des öfteren als deplatziert angesehen wird. Wo es förmlich zugeht, sollte man in Luxemburg keine Hemmungen haben und Joffer durchaus gebrauchen. Diese Anrede wird in Cafés, Restaurants, in Banken und auf der Straße völlig selbstverständlich verwendet. In der Schule wird die Lehrerin so angeredet. Sie hat im Gegensatz zum benachbarten Moselland, wo eine „Juffer" immer eine alte, meist hässliche Frau darstellt, in Luxemburg keinen vordergründig diskriminierenden Charakter.

**Joffer, d'Rechnung wann ech gelift.**
Fräulein, die Rechnung bitte.

Da man in den meisten Restaurants französisch spricht, empfiehlt sich häufiger die Wendung:

**Mademoiselle, l'addition s'il vous plaît.**
Fräulein, die Rechnung bitte.

# Anrede

In der Anrede wurden aus dem Französischen Madame für „Frau“ und Monsieur für „Herr“ übernommen. Sie werden in der höflichen, förmlichen Anrede gebraucht und gelten als méi stad (vornehmer) als die dem Deutschen entlehnten Begriffe Här und Fra.

Man kann zwar sagen:

**Dat ass den Här Prommeschenkel.**
Das ist Herr Prommeschenkel.

Es ist aber unmöglich zu sagen:

Fra *wird nur im Sinne von „Ehegattin“ verwendet.*

**Dat ass d'Fra Schrobiltgen.**

Hier muss es immer heißen:

**Dat ass d'Madame Schrobiltgen.**
Das ist Frau Schrobiltgen.

| **meng Fra** | **deng Frau** | **eng Fra** |
|---|---|---|
| meine Frau | deine Frau | eine Frau |

Falls Sie sich auf Lëtzebuergesch vorstellen wollen, denken Sie daran, vor Eigennamen verwendet man immer den Artikel.

**Ech sinn de Pol Kramer.**
Ich bin Paul Kramer.

Die Höflichkeitsform wird mit Dir und mit Iech gebildet und wird immer groß geschrieben. Dieses Dir hat hier nichts mit dem deutschen „dir“ zu tun.

**Wat schafft Dir?**
Was arbeiten Sie?

| | |
|---|---|
| **Ech si(nn) ...** | Ich bin ... |
| **Vendeuse** | Verkäuferin |
| **Infirmière** | Krankenpflegerin |
| **Garçon** | Kellner |
| **Affekot** | Rechtsanwalt |
| **Serveuse** | Serviererin |
| **Dokter** | Arzt |
| **Student** | Student |
| **Schoulmeeschter** | Lehrer |
| **Zockerbäcker, Pâtissier** | Konditor |

**Ech hunn Iech e klenge Cado matbruecht.**
Ich habe Ihnen ein kleines Geschenk mitgebracht.

Götter und Göttinnen werden wie im Deutschen geduzt. Sollte jedoch der glückliche Umstand eintreten, de Grand-Duc, dem Großherzog, persönlich zu begegnen, so wäre ein Altesse (Hoheit) oder ein Monseigneur angebrachter.

## Nachgefragt

**Ech géing gäre Lëtzebuergesch mat lech/dir schwätzen.**
Ich würde gerne Luxemburgisch mit Ihnen/dir reden.

**Kanns du / Kënnt Dir e bësse méi lues schwätzen wann ech gelift?**
Kannst du / Können Sie ein bisschen langsamer reden, bitte?

**So dat do nach eng Kéier wann ech gelift.**
Bitte wiederhole das nochmal.

**Wéi seet een dat op Lëtzebuergesch?**
Wie sagt man das auf Luxemburgisch?

**Wéi schwätzt een dat aus?**
Wie spricht man das aus?

**Wéi seet een dat op däitsch / op franséisch?**
Wie sagt man das auf Deutsch / auf Französisch?

**Wat sees du? Wéi heeschs du / heescht Dir?**
Was sagst du? Wie heißt Du / heißen Sie?

**Wéi al bass du?**
Wie alt bist du?

**Wat mechs du / maacht Dir hei?**
Was machst du / machen Sie hier?

**Wat schaffs du / schafft Dir?**
Was arbeitest du / arbeiten Sie?

**Wunns du / wunnt Dir hei an der Stad?**
Wohnst du / Wohnen Sie hier in der Stadt?

## Bitten, Danken, Wünschen

| | |
|---|---|
| **wann ech gelift** | bitte |
| **merci villmols** | danke sehr |
| **gratuléieren** | gratulieren |
| **wënschen** | wünschen |
| **Wonsch** | Wunsch |
| **hëllefen** | helfen |
| **Éischt Hëllef** | erste Hilfe |

**Kënnt Dir mir / ons hëllefen wann ech gelift?**
Können Sie mir / uns bitte helfen?

**Villmols Merci, Dir hutt mir vill gehollef.**
Vielen Dank, Sie haben mir sehr geholfen.

**Ech wënschen der all gutts.**
Ich wünsche dir alles Gute.

Fragen, Bitten und Wünsche werden auch sehr häufig mit der Möglichkeitsform eingeleitet:

**Géngs de vläicht matgoen?**
Würdest du vielleicht mitgehen?

Oder noch höflicher:
**Ech wir frou, wann's de géngs mat fëschen.**
Ich wäre froh, wenn du mit angeln gehen würdest.

## sich entschuldigen

**Pardon! / Entschëllegt!**
Entschuldigung!

**Entschëllegt, gëtt et hei e Bicherbuttek an der Géigend?**
Entschuldigung, gibt es hier einen Buchladen in der Nähe?

© Nationales Touristikamt Luxemburg

Restauriertes Schloss in Vianden

## Begrüßen & Verabschieden

Grundsätzlich begrüßt man sich in Luxemburg zu jeder Tages- und Nachtzeit mit einem Moien, zur besonderen Verstärkung auch gerne Moien Moien. Ein herzhaftes Moien um Mitternacht ist also keineswegs ironisch gemeint!

| | |
|---|---|
| **Bonjour!** | Guten Tag! |
| **Salut!** | Hallo! |
| **Ech heesche(n) ...** | Ich heiße ... |
| **Ech sinn de Pit.** | Ich bin Pit. |
| **Et freet mech.** | Sehr erfreut. |
| **Wéi geet et?** | Wie geht's? |
| **Wéi ass et?** | Wie steht's? |
| **Villmols merci!** | Vielen Dank! |
| **wann ech gelift** | bitte |
| **gär geschitt** | bitteschön |
| **Äddi!** | Tschüss! |
| **Awar!** | Auf Wiedersehen! |
| **Bis mar!** | Bis morgen! |
| **Maach et gutt!** | Mach's gut! |

**Mäin Numm ass ...**
Mein Name ist ...

**Enchantéiert!**
Angenehm!

# Zustimmen & Ablehnen

## zustimmen

| | |
|---|---|
| **Jo.** | Ja. |
| **An der Rei.** | Alles klar. |
| | Einverstanden. |
| **Majo sécher.** | Aber sicher. |
| **Majo dann.** | Na gut. |
| **Dat mengen ech och.** | Ich bin ganz deiner Meinung. |
| **Dat ass gutt gesot.** | Gut gesagt. |
| **Eng gutt Iddi.** | Tolle Idee. |
| **Immens gär.** | Sehr gerne. |
| **Genee meng Meenung.** | Das meine ich auch. |
| **Dat stëmmt.** | Das ist wahr. |
| **Fir wat nët?** | Warum nicht? |
| **Kee Problem.** | Aber gerne. |
| **Gell?** | Nicht wahr?! |
| **Abee.** | Nun gut. |
| **Gutt.** | Gut. |
| **Bon.** | Gut. / In Ordnung. |

## ablehnen & verneinen

| | |
|---|---|
| **nee** | nein |
| **näischt** | nichts |
| **op kee Fall** | auf keinen Fall |
| **keen/keng Sau** | keiner, niemand (übliche Verstärkung!) |
| **guer nët** | gar nicht |

| | |
|---|---|
| **kee Meter, iwwerhaapt nët** | überhaupt nicht |
| **ni méi** | nie wieder |
| **Kabes** | Quatsch |

**Dat do geet mer nët.**
Das gefällt mir nicht.

**Dat kënnt mer nët an d'Tut.**
Kommt mir gar nicht in die Tüte.

**Dat ass guer nët wouer!**
Das ist gar nicht wahr!

*Sätze werden einfach durch das kleine Wörtchen* nët *(nicht) verneint, wobei ein vorangestelltes* guer *(gar) verstärkend wirkt.*

**Do sinn ech nët d'accord.**
Ich bin damit nicht einverstanden.

**Hutt Dir eng Schwëster?**
Haben Sie eine Schwester?

**Neen, ech hu keng.**
Nein, ich habe keine.

**Hutt Dir Zocker?**
Haben Sie Zucker?

**Neen, ech hu keen.**
Nein, ich habe keinen.

**Hues du e Päerd?**
Hast du ein Pferd?

**Neen, ech hu keent.**
Nein, ich habe keins.

*Hauptwörter werden je nach Geschlecht mit* keen *(m),* keng *(w) oder* keent *(s) verneint.*

Die Mehrzahl wird immer mit keng verneint.

**Huet hie Kanner?**
Hat er Kinder?

**Nee, hien huet keng.**
Nein, er hat keine.

# Auffordern & Befehlen

Die so genannte Befehlsform (Imperativ) kann dazu dienen, sich ungewollten Belästigungen zu entziehen.

**Loost mech mat Rou!**
Lassen Sie mich in Ruhe!

**Gitt fort!**
Gehen Sie weg!

**Plënner!**
Verzieh dich!

Seine Ungeduld kann man jemandem so mitteilen:

| | |
|---|---|
| **Maach séier.** | Mach schnell. |
| **Maach méi séier.** | Mach schneller. |
| **Dajee, komm.** | Los, komm. |
| **Gëff Gas.** | Gib Gas. |
| **Géi heem.** | Geh nach Hause. |
| **Sief roueg.** | Sei ruhig. |
| **Hal se.** | Halt die Klappe. |
| **Dajee, géi!** | Na los, geh! |

## Richtungsangaben

| | |
|---|---|
| **an** | in |
| **bei** | bei |
| **eraus** | hinaus |
| **ënnen** | unten |
| **eran** | hinein |
| **eraf** | runter |

| | |
|---|---|
| **erop** | runter |
| **hanner** | hinter |
| **laanscht** | entlang |
| **lénks** | links |
| **niewen** | neben |
| **no hannen** | nach hinten |
| **no vir** | nach vorne |
| **op** | auf, nach (räuml.) |
| **queesch** | quer |
| **riets** | rechts |
| **riicht virun, -aus** | geradeaus |
| **v(i)run** | vor |
| **zréck** | zurück |

## Unterwegs

Unbedingt erkundigen sollte man sich nach einem Reseau-Billjee, einem Billigticket, wenn man mit dem Zug unterwegs ist. Je nach Status (Student, Schüler oder Azubi) gibt es verschiedene Vergünstigungen.

### mit dem Zug

| | |
|---|---|
| **Billjee, Ticket** | Fahrkarte |
| **Aller-retour** | Rückfahrkarte |
| **Quai** | Gleis |
| **Gare** | Bahnhof |
| **Eisebunner** | Eisenbahner |
| **Kontroller** | Schaffner |

| | |
|---|---|
| **changéieren, ëmklammen** | umsteigen |
| **Supplément** | Zuschlag |
| **Arrivée** | Ankunft |
| **Départ** | Abfahrt |
| **Chouchetten** | Liegewagen |
| **wagon-lit, Schlofwon** | Schlafwagen |
| **Bagage** | Gepäck |
| **Wallis** | Koffer |
| **Salle d'attente** | Wartesaal |

## mit dem Auto

Im Zentrum von Luxemburg-Stadt gibt es zwar zahlreiche Parkhäuser, doch sind diese meist überfüllt und zudem viel zu teuer. Falls man von der Grenze kommend nur in die Stadt möchte, sollte man die günstige Park-and-Ride-Gelegenheit nutzen. Von den Grenzübergängen fahren halbstündlich Busse in die Stadt. Wer dennoch nicht auf sein heißgeliebtes Gefährt verzichten kann, sollte sich gleich nach den großen Parkplätzen erkundigen. So sind es vom Parking am Boulevard de la Foire auch nur zehn Minuten zu Fuß bis in die Innenstadt. Was die Politessen anbelangt, die pechen erbarmungslos.

© Joscha Remus

| | |
|---|---|
| **Rout Luucht** | Ampel |
| **Permis** | Führerschein |
| **Vignette** | Tüv-Plakette |
| **Autocollant** | Aufkleber |

| | |
|---|---|
| **Camion** | Lastwagen |
| **Camionette** | kleiner Lastwagen |
| **Phare, Pharen** | Scheinwerfer |
| **Accident** | Unfall |
| **éischt Hëllef** | erste Hilfe (Telefon 012) |
| **Ambulanz** | Krankenwagen |
| **een iwwerrennen** | jemanden überfahren |
| *überrennen* | |
| **iwwerhuelen** | überholen |
| **Pompjéen** | Feuerwehr |
| **Geschirkëscht** | Werkzeugkasten |
| **Schantjen** | Baustelle |
| **Bauplaatz** | kleine Privatbaustelle |
| **Apdikteschkëscht** | Verbandskasten |
| *Apothekerkasten* | |
| **Autoschoul** | Fahrschule |
| **Garagist** | Werkstatt; Tankstelle |
| **Mécanicien** | Automechaniker |
| **Pneu** | Reifen |
| **viischt Glace** | Frontscheibe |
| **engem blénken** | die Lichthupe betätigen, blinken |
| **engem tuten** | jmd. hupen |
| **Occasioun** | Gebrauchtwagen |
| **en ale Plou** | Rostbeule |
| *ein alter Pflug* | |
| **eng al Schubkar** | Schrottmühle |
| *alte Schubkarre* | |
| **en décke Schlitt** | Amischlitten |
| **Deux chevaux** | *(2CV)* Ente |
| **zweehonnerter Dréckdechfreckt** | *200er Drückdichkaputt* |

*Zu einer alten Klapperkiste sagt man auch* zweehonnerter Dreckdëchfreckt.

## in der Werkstatt

**Ech sinn mam Auto ageknuppt.**
Ich bin mit dem Auto irgendwo gegengefahren.

**Ech si bäigaang.**
Ich hatte einen Unfall.

| | |
|---|---|
| **d'Revisioun maachen** | Auto überholen lassen |
| **frësch wichsen** | polieren |
| **Ueleg kontrolléieren** | Ölstand nachprüfen |
| **de Vidange maachen** | Ölwechsel machen |
| **e Platten hunn** | Reifenpanne haben |
| **de Motor ass futti/ freckt** | der Motor ist kaputt |

## Geschwindigkeitsbegrenzungen

| | |
|---|---|
| **Vitesse** | Geschwindigkeit |
| **an der Stad (50 km)** | in der Stadt |
| **iwwer Land (90 km)** | über Land |
| **op der Autobunn (120 km)** | auf der Autobahn |
| **Aarbechten! (40 km)** | Bauarbeiten |
| **Foussgänger! (10 km)** | Fußgänger |

## Taxi

**Ech wëll en Taxi ruffen.**
Ich möchte ein Taxi bestellen

**Nuets kaschten Taxien Supplément.**
Nachts kosten Taxis einen Zuschlag.

**Wou sin hei Taxien?**
Wo gibt es hier Taxis?

**Wat kascht eng Fahrt op Veianen?**
Was kostet eine Fahrt nach Vianden?

**Är Adress doheem?**
Wie lautet Ihre Adresse?

**Ech hunn och nach eng Wallis.**
Ich habe auch noch einen Koffer.

**Gidd mir eng Quittong wann ech gelift.**
Geben Sie mir bitte eine Quittung.

## zu Fuß

Wer rastet, der rostet, sagt ein deutsches Sprichwort. Rasten und Rosten bedeuten im Luxemburgischen dasselbe: raschten. Also, wee rascht, dee rascht, würde man dann ja wohl sagen. Die Auberges de Jeunesse, die Jugendherbergen, lassen sich auf eigenen Wanderwegen untereinander erreichen. Diese sind dann mit einem weißen Dreieck versehen. Bei Wanderern besonders beliebt sind die Luxemburger Ardennen, das sogenannte Éislek. Im Lëtzebuergeschen gibt es zwar das Wort Spadséiergank (Spaziergang), als Aufforderung zum gemeinsamen Ausflug benutzt man aber eher die nachfolgenden Ausdrücke.

*Das Großherzogtum verfügt über das dichteste Wanderwegenetz der Welt, und ein Drittel des Landes ist bewaldet. Dies sind natürlich ideale Bedingungen die Landschaft per pedes zu erkunden. Verlaufen können Sie sich kaum, sind doch die nationalen Wanderpfade mit gelber Farbe gekennzeichnet.*

| | |
|---|---|
| **en Tierchen maen** | eine kleine Tour machen |
| **tréppele goen** | spazieren gehen |
| **eng Promenade maachen** | promenieren |
| **zu Fouss goen** | wandern |
| **Fousstour** | Wanderung |
| (aber:) **op den Tour goen** | auf Kneipentour (!) gehen |

| | |
|---|---|
| **Bengel** | Spazierstock |
| **Biergschong** | Wanderschuhe |
| **Kaart** | (Wander-)Karte |
| **Schongstréckel** | Schnürsenkel |
| **tréllen** | stürzen |
| **tréppelen** | schlendern |

Stadtindianer sollten vielleicht noch diese aus dem Französischen stammenden Begriffe kennen:

| | |
|---|---|
| **Avenue** | Straße |
| **Boulevard** | breite Straße |
| **Château** | Schloss |
| **Cimetiëre** | Friedhof |
| **Guide** | Stadtführer (Buch) |
| **Place** | Platz |
| **Pont** | Brücke |
| **Rue** | Straße |
| **Trottoir** | Bürgersteig |

## mit dem Fahrrad

Zum Radwandern bieten sich vor allem die Wege von Hesperange nach Luxemburg-

Stadt, von Junglinster nach Echternach sowie von Diekirch nach Vianden an. Einen Fahrradverleih findet man in jedem größeren Ort.

**Wou kann een hei e Velo léinen?**
Wo kann man hier ein Fahrrad leihen?

**Gëtt et hei an der Géigend e Velosbuttek?**
Gibt es hier n der Nähe ein Fahrradgeschäft?

**Ech hunn e Platten.**
Ich habe einen Platten.

**Kënnt Dir wann ech gelift meng Pneuen flécken?**
Können Sie bitte meine Reifen flicken?

| | |
|---|---|
| **Gidon** | Lenkstange |
| **Luucht** | Licht |
| **Motocyclette** | Mofa |
| **Pedall** | Pedal |
| **Pompel** | Luftpumpe |
| **Suedel** | Sattel |
| **Velo** | Fahrrad |
| **Velo fueren** | radeln |
| **Velosgeschir** | Flickzeug |
| **Velospiste** | Radweg |

## mit dem Bus

Die Bezeichnung Direkt auf einem Omnibus garantiert nicht unbedingt eine direkte Non-Stop-Verbindung. Eine schnelle Verbindung ohne Zwischenstopps ist nur mit der Aufschrift Express gesichert. Steht Omnibus auf dem Omnibus, bedeutet das: Vorsicht, dieses Gefährt hält in jedem Kaff!

**Wou kréien ech de Bus fir op Waasserbëlleg wann ech gelift?**
Wo bekomme ich den Bus nach Wasserbillig, bitte?

**Wou as hei en Arrêt?**
Wo gibt es hier eine Haltestelle?

**Ech klammen no der Bréck eraus.**
Ich steige nach der Brücke aus.

| | |
|---|---|
| **Arrêt** | Haltestelle |
| **Aller retour** | Rückfahrkarte |
| **Billjee, Ticket** | Fahrkarte |
| **Sëtzplaz** | Sitzplatz |

© Joscha Remus

Busfahrer in Luxemburg-Stadt

# Übernachten

Eine der preiswertesten Möglichkeiten der Übernachtung bieten die zahlreichen Auberges-de-jeunesse, die Jugendherbergen.

Wer in der Stadt in einem Hotel oder einer Pension übernachten möchte, der wende sich an die Office National du Tourisme du Grand-Duché.

Vom 5-Sterne- Hotel in Dommeldange, der Rue Fort Niedergrünewald und am Boulevard Royal bis hin zur einfachen Pension reicht das innerstädtische Übernachtungsangebot. Man sollte allerdings bei der Suche beachten, dass sich Hotels und Pensionen im Preis nicht unterscheiden. Bei mehr als 10 Zimmern spricht man einfach von einem Hotel. In den meisten Hotels versteht man Deutsch.

*In der Region* Ardennen *werden auch Wanderhütten angeboten.*

**Ech sichen eng bëlleg Plaz fir ze schlofen.**
Ich suche eine preiswerte Übernachtungsmöglichkeit.

**Mir hätte gär een Duebelzëmmer mat Dusch.**
Wir hätten gerne ein Doppelzimmer mit Dusche.

**Hutt Dir och Vollpensioun?**
Haben Sie auch Vollpension?

**Ass de Kaffi dran?**
Ist das Frühstück inklusive?

# Polizei

Der neutralste Ausdruck für die Freunde und Helfer ist Police oder, vor allem auf dem Land, Gendarm. Bezeichnungen wie Flic (Bulle) oder d'Flicen (die Bullen) sollte man am besten gar nicht erst benutzen, um unnötige Missverständnisse zu vermeiden.

Merkt die Polizei jemandem an, dass er déck op der Läich as („*dick auf der Leiche ist*" – besoffen ist), könnte eine Alkoholkontrolle sein Verhängnis werden.

| | |
|---|---|
| **ee blosen** | ins Alkoholröhrchen pusten |
| **Identitéitskaart** | Personalausweis |
| **Schong** *Schuh* | Autoreifenkralle für Falschparker |
| **blëtzen** | blitzen |
| **Pretëkoll** | Strafzettel |
| **ee pechen** | einen Strafzettel ranklemmen |

So weit sollte es nie kommen:

| | |
|---|---|
| **Bing** | Knast |
| **Klemmes** | Bau |
| **Prisong** | Gefängnis |

# Camping, Sport, Natur

Es gibt etwa 130 Campingplätze im Land, die in in drei Kategorien eingeteilt sind. Infos gibt es über das Syndicat d'Initiative et de Tourisme. Kletterer können in der luxemburgischen Schweiz Höhenluft schnuppern, die Sauer ist ein beliebtes Revier für Kanuten und Paddler.

*Fast die gesamte Palette an Freizeitaktivitäten ist abgedeckt. Die meisten Ausdrücke aus dem Sport entsprechen den deutschen Bezeichnungen. In fast allen Gewässern Luxemburgs gibt es Aale und Forellen. Petris Jünger sollten sich, was die Barsche, Hechte und Karpfen in der Mosel angeht, allerdings vor der Anreise noch einmal erkundigen. Teilweise ist Angeln dort nämlich eingeschränkt.*

| | |
|---|---|
| **Bam** | Baum |
| **Bësch** | Wald |
| **Bierger** | Berge |
| **campéieren** | campen |
| **Caravan, Roulotte** | Wohnwagen |
| **fëschen** | angeln |
| **Fiederball** | Federball |
| **Fielsen** | Felsen |
| **kayaken** | Kayak fahren |
| **Kelespille goen** | kegeln gehen |
| **klammen** | klettern |
| **Schlofsak** | Schlafsack |
| **Schwammbox** | Badehose |
| **schwammen** | schwimmen |
| **wëll campéieren** | wild campen |

**Ech sichen eng Plaz fir mäi Camper.**
Ich suche einen Stellplatz für mein Wohnmobil.

**Däerf ech op der Wiss hei mäin Zelt opschlon?**
Darf ich auf dieser Wiese mein Zelt aufschlagen?

## Die kleinen Dinge, die man braucht

Hier eine kleine Einkaufsliste mit den kleinen „Helfern" im Alltag.

| | |
|---|---|
| **Asproen** *Aspirin* | Kopfschmerztablette |
| **Bitznol** | Nähnadel |
| **Briquet** | Feuerzeug |
| **Bureausklamer** | Heftklammer |
| **eppes fir géint Mécken** | Insektenmittel |
| **Ficelle** | Schnur |
| **Fixféier** | Streichhölzer |
| **Fuedem** | Faden |
| **Kappëttercher** | Kondome |
| **Gummien** | Radiergummi |
| **Käpperchersnol** | Stecknadel |
| **Nuesschnappech** | Taschentuch |
| **Pech** | Kleber |
| **Plooschter** | Pflaster |
| **Punaise** | Reißzwecke |
| **Schéier** | Schere |
| **Stréckel** | Schnürsenkel |
| **Täscheluut** | Taschenlampe |
| **Scotch** | Klebeband |
| **Ueleg** | Öl |

# Das Wetter

Vor allem das alljährliche Hochwasser der Mosel rückt auch Luxemburg immer wieder in den Brennpunkt der mitteleuropäischen Wetterkatastrophen-Nachrichten.

| | |
|---|---|
| **äisskal** | eiskalt |
| **kal wéi e Schwäin** | schweinekalt |
| **d'Wieder** | das Wetter |
| **Klëppelsteng** | Hagel |
| **Wieder, Dimmer** | Gewitter |
| **Niwwel** | Nebel |
| **et drëpst** | es tropft |
| **Präbbeli** | Regenschirm |
| **et fréiert** | es friert |
| **saukal** | saukalt |
| **et reent** | es regnet |
| **schmeier, dompeg** | schwül |
| **et schëtt** | es schüttet |
| **Schnéiklatz** | Schneeball |
| **et schifft** | es gießt |
| **Wand** | Wind |
| **fiicht** | feucht |
| **Wollek** | Wolke |
| **Héichwaasser** | Hochwasser |
| **et reent al Fraen** *es regnet alte Frauen* | es gießt in Strömen |
| **eng Hëtzt wéi an engem Uewen** | eine Gluthitze wie in einem Ofen |

*Für „Taifun", „Hurrikan" oder „Tornado" kennt man keine eigenen lëtzebuergeschen Wörter. Das bedeutet für die Reisenden ein Optimum an naturkatastrophen-freier Gewissheit.*

# Kohle, Zaster, Knete

Neben der Schweiz ist Luxemburg wohl der Ort, der sofort mit sicheren Geldanlagen in Verbindung gebracht wird.

Die Bankenfestungen am Boulevard Royal haben inzwischen die schönen Patrizierhäuser verdrängt. Über zweihundert Banken sorgen unter anderem dafür, dass Luxemburg mit das höchste Pro-Kopf-Einkommen der Welt aufweist.

*Als Zahlungsmittel vor dem Euro galten der Belgische Franken und der Luxemburgische* Frang.

| | |
|---|---|
| **décke Goss** | viel Zaster |
| **e Spuerbuch opmaachen** | ein Sparbuch eröffnen |
| **Fric** | Moneten, Zaster |
| **Kitten** | Kohle, Patte |
| **Mënz** | Geld |
| **Mouk** *Kröte* | Knete, verstecktes Sparschwein |
| **Spuerkeess** | Sparkasse |
| **Suen** | Geld |
| **vill Mécken** *viele Mücken* | viele Mäuse |
| **Wak** | Kies |

Achtung: **Monni** hat nichts mit dem englischen Wort „money“ (Geld) zu tun:

**De beschte Monni ass de Portmonni.**
Der beste Onkel ist der Geldbeutel.

| | |
|---|---|
| **Chèque** | Scheck |
| **dat mommëst nët** | das bringt wenig Geld ein |
| **Goss** | Knete |
| **Grilli** | Geldschein, besonders der Tausender |
| **Groen** | Tausender |
| *Grauer* | |
| **Kont** | Konto |
| **Pai** | Gehalt |
| **Suen an Terme setzen** | Geld fest anlegen |

## Post

| | |
|---|---|
| **Bréif** | Brief |
| **Timber** | Briefmarke |
| **Postkaart** | Postkarte |
| **Kaart** | Ansichtskarte |
| **Postpak** | Paket |
| **Postcode** | Postleitzahl |
| **Mandat** | Postanweisung |
| **Bréifdréier, Facteur** | Briefträger |
| **Recommandé** | Einschreibebrief |

**Wat kascht en ageschriwwene Bréif fir an Däitschland?**
Was kostet ein Einschreiben nach Deutschland?

**Ech hätt gär en Timber fir eng Kaart an Éisterräich.**
Ich hätte gerne eine Briefmarke für eine Karte nach Österreich.

## telefonieren

*Auch im Zeitalter der Kartentelefone sollte man genug* Mënz *(Kleingeld) im Portemonnaie haben. Die Kabinen für Münztelefone sind gelb.*

| | Tel.-Nr. | |
|---|---|---|
| **Ambulanz** | 112 | Notarzt |
| **Noutdengscht** | 1830 | Bereitschaftsdienst (Krankenhäuser, Apotheken) |
| **Police** | 113 | Polizei |
| **Pompjeën** | 112 | Feuerwehr |
| **Auerzäit** | 19 | Zeitansage |
| **Bourse** | 1824 | Börse |
| **Kultur** | 1822 | Kultur |
| **Märercher** | 1829 | Märchen |
| **Wat ass nei?** | 1828 | Was gibt's Neues? |

**Wou ass hei w.e.g. eng Telefonskabin?**
Wo ist hier bitte eine Telefonzelle?

**Huet Dir Telefonskaarten?**
Haben Sie Telefonkarten?

**Virwal vun Däitschland / Éisterräich / Schwäiz: 0049 / -43 / -41.**
Vorwahl für Deutschland / Österreich / Schweiz: 0049 / -43 / -41.

**Hallo, wien ass do w.e.g.?** **Hei ass ...**
Hallo, wer ist da bitte? Hier ist ...

**Kënnt Dir mech verbannen?**
Können Sie mich verbinden?

**Pardon, ech hu mëch verwielt.**
Entschuldigung, ich habe mich verwählt!

**Ech géing gäre mat der Madame Leiner schwätzen.**
Ich würde gerne mit Frau Leiner sprechen.

**Si/Hien ass am Ament net do.**
Sie/Er ist im Moment nicht da.

**Kënnt Dir mer da soe weini si/ hien ëremkënnt?**
Können Sie mir sagen wann sie/ er wieder zurückkommt?

**Ech ruffe muer nach eng Kéier un.**
Ich rufe morgen nochmal an.

| | |
|---|---|
| **Unitéit, Eenheet** | Einheit |
| **Répondeur / Äntwertapparat** | Anruf-beantworter |
| **e Message hannerloossen** | eine Nachricht hinterlassen |

# Fotografieren; Einkaufen

## Fotografieren

| | |
|---|---|
| **Film** | Film |
| **Filmer** | Filme |
| **Fotoen** | Fotos |
| **Fotogeschäft** | Fotoladen |

© Joscha Remus

**Pardon, kënnt Dir eng Foto vun ons man?**
Entschuldigung, würden Sie ein Foto von uns machen?

**Ech géif dëse Film gär séier entwéckele loossen.**
Ich möchte diesen Flm schnell entwickeln lassen.

**Hutt Dir schwaarz-wäiss Filmer?**
Haben Sie Schwarz-Weiß-Filme?

## Einkaufen

Billiger sind, weil in Luxemburg auf diese Produkte weniger Steuern erhoben werden, Benzin, Alkoholika und Rauchwaren. Und da innerhalb der EU keine Zölle mehr erhoben werden, packt sich so mancher Tourist seinen Kofferraum voll.

| | |
|---|---|
| **Bicherbuttek** | Buchhandlung |
| **Biobuttek** | Bioladen |
| **Zeitungsbuttek** | Zeitungsladen |
| **Blummebuttek** | Blumengeschäft |

Unter den Bezeichnungen für Geschäfte und Läden gibt es eine Reihe französischer Namen:

| | |
|---|---|
| **Bijouterie** | Schmuckladen |
| **Boulangerie** | Bäckerei |
| **Epicerie** | Lebensmittelladen |
| **Horlogerie** | Uhrenladen |
| **Pâtisserie** | Konditorei |
| **Supermarché** | Supermarkt |

| | |
|---|---|
| **Apdikt** | Apotheke |
| **Caissier, -ère** | Kassierer, -in |
| **Client** | Kunde |
| **Keess** | Kasse |
| **Maart** | Markt |
| **Metzler** | Metzger |
| **Portefeuille** | Portemonnaie |
| **Rayon** | Regal |

Auf den folgenden Seiten finden sich Wörter für Kleidung und Nahrungsmittel, die in die entsprechenden Sätze eingefügt werden können.

**U wiem ass et elo?**
Wer ist jetzt dran?

**Ech mengen et ass elo u mir.**
Ich glaube, ich bin jetzt dran.

**Wat kritt Dir w.e.g.?**
Was bekommen Sie bitte?

**Ech hätt gär ...**
Ich hätte gerne ...

**Wat kascht dat hei?**
Was kostet das hier?

**As dat alles?**
Ist das alles?

**Nee, gitt mer nach ...**
Nein geben Sie mir noch ...

**Soss nach eppes?**
Sonst noch etwas?

**Ech huelen och nach ...**
Ich nehme auch noch ...

**Wéivill mécht dat wann ech gelift?**
Was macht das zusammen?

**Dat mécht ... Euro.**
Das macht ... Euro.

**Huelt Dir och Kreditkaarten?**
Nehmen Sie auch Kreditkarten?

**Kënnt Dir wiesselen?**
Können Sie rausgeben?

**Kënnt Dir Suen ëmtauschen?**
Können Sie das Geld wechseln?

**Hutt Dir vläicht e bësse Mënz?**
Haben Sie vielleicht etwas Kleingeld?

**Dir kritt nach eppes ërem.**
Sie bekommen noch was raus.

**Dat ass awer deier.**
Das ist aber teuer.

**Si si ganz bëlleg.**
Sie sind sehr billig.

**Dat ass genee dat, wat ech gären hätt.**
Das ist genau das, was ich suche.

## Kleidung & Schmuck

Paris ist nur drei Zugstunden entfernt. Kein Wunder, dass die Haute Couture Luxemburgs sich am westlichen Nachbarn orientiert. Viele Ausdrücke aus der Textilwelt sind französischen Ursprungs.

| | |
|---|---|
| **Bijouen** | Schmuck |
| **Box** | Hose |
| **Bracelet** | Armband |
| **Brëll** | Brille *(dt.)* |
| **Calzong** | Unterhose |
| **Ceinture** | Gürtel |
| **Costume** | Herrenanzug |
| **Deux-pièces** | Zweiteiler |
| **Ënnerbox** | Unterhose *(dt.)* |
| **Ensembel** | Kostüm |
| **Gezei** | Kleidung |
| **Hiem** | Hemd *(dt.)* |
| **Jupe** | Rock |
| **kniwwelen** | knittern |
| **Kleed** | Kleid |
| **Koll** | Kragen |
| **Kotténg** | Baumwolle |
| **Maillot** | Badeanzug |

| | |
|---|---|
| **Paltong** | Sakko, Jacke |
| **Pärelen** | Perlen |
| **plisséiert** | faltig |
| **Plover** | Pullover |
| **Posch** | Tasche |
| **Rack** | Kleid |
| **Rank** | Ring |
| **Rimm/Ceinture** | Gürtel |
| **Schong** | Schuhe |
| **Soutien** | Büstenhalter |
| **Strëmp** | Strümpfe |
| **Tallon/Talléck** | Schuhabsatz |
| **Tirett** | Reißverschluss |

**Wéi geet dat mir?**
*wie geht mir das*
Wie steht mir das?

**Dat strëmmt mer an der Taille.**
*das kneift mir in der Taille*
Das sitzt zu eng.

**Den Deux-pièces ass just Mooss.**
Der Zweiteiler passt genau.

**Hutt Dir dëse Paltong och e bësse méi grouss?**
Haben Sie diese Jacke auch etwas größer?

| | |
|---|---|
| **liicht undoen** | nicht zu warm anziehen |
| **sech anescht undoen** | sich umziehen |
| **sech flott noeneemaachen** | sich fetzig anziehen |

## Lebensmittel

| | |
|---|---|
| **Botter** | Butter |
| **Bréidercher – Brout** | Brötchen – Brot |
| **Ee/Eer** | Ei/Eier |
| **Esseg** | Essig |
| **Fësch** | Fisch |
| **Fleesch** | Fleisch |
| **Gebeess** | Marmelade |
| **Glace** | Speiseeis |
| **Ham** | Schinken |
| **Hunneg** | Honig |
| **Jus** | Saft |
| **Kaffi** | Kaffee |
| **Kéis** | Käse |
| **Knippercher** | Pralinen |
| **Mëllech** | Milch |
| **Miel** | Mehl |
| **Mëtschen** | Plundergebäck |
| **Moschter** | Senf |
| **Peffer** | Pfeffer |
| **Paté** | Pastete |
| **Räis** | Reis |
| **Ram** | Sahne/Sauerrahm |
| **Salz** | Salz |
| **Stoffi** | Quark |
| **Schockela** | Schokolade |
| **Schockelasmëllech** | Kakao |
| **Téi** | Tee |
| **Ueleg** | Öl |
| **Wirschtercher** | Würstchen |
| **Zocker** | Zucker |
| **Zoossiss** | Wurst |

**Hätt Dir et gär am Stéck?**
Möchten Sie es am Stück?

**Nee, an Tranchen / Rondelen.**
Nein, geschnitten / runde Scheiben

| | | | |
|---|---|---|---|
| **zeideg** | reif | **réi** | roh |
| **reng** *(rein)* | fein | **fräsch** | frisch |
| **gekacht** | gekocht | **graff** | grob |

## Gemüse & Obst

| | |
|---|---|
| **Äerdbier** | Erdbeeren |
| **Äppel – Biren** | Äpfel – Birnen |
| **Choufleur** | Blumenkohl |
| **Cornichongen** | Gurken |
| **Cresson** | Kresse |
| **déck Kréischelen** | Stachelbeeren |
| **Drauwen** | Trauben |
| **Ënnen** | Zwiebeln |
| **Geméis** | Gemüse |
| **Gromperen** | Kartoffeln |
| **Hambier** | Himbeeren |
| **Ierzen** | Erbsen |
| **Kabes** | Kohl |
| **Kiischten** | Kirschen |
| **Knuewelek** | Knoblauch |
| **Kréischelen** | Johannisbeeren |
| **Molbier** | Heidelbeeren |
| **Muerten** | Möhren |
| **Péiterséileg** | Petersilie |
| **Piisch/Piijen** | Pfirsich(e) |
| **Spackelter** | Hagebutte |
| **Uebstzalot** | Obstsalat |

# Essen & Trinken

Eingekeilt zwischen drei Nationalitäten-Küchen (Belgien, Frankreich und Deutschland) nehmen sich die Luxemburger gemäß ihrem Motto Gudd a vill (gut und viel) das Beste: die Qualität der Franzosen und die Quantität der Deutschen.

**Am Glas erdrénken der méi wéi am Mier.**
Im Glas ertrinken mehr wie im Meer.

Auf dem Glacis-Feld vermischen sich die Düfte von Fierkelshämmchen, Päerdsbiffdeck und Friture, von Eisekuch, Kachkéis und Panecher (Crêpes). Gefeiert und gegessen wird dann nach dem Motto: Festdeeg si Friessdeeg (Festtage sind Fresstage).

*Vor allem auf dem größten Volksfest, der Ende August stattfindenden* Schueberfouer, *wird dem Besucher die luxemburgische Art zu leben, zu feiern und zu essen deutlich vor Nase und Gaumen geführt. Hier lässt man die „Breughelsche Lebensweise" wieder auferstehen.*

Neben dem Begriff iessen verwendet der Luxemburger noch folgende Wörter: fruppsen, erafeieren (hineinfeuern), maufelen, läffelen, nammen und jicken. Man sollte sich hier ruhig vom Klang inspirieren lassen. Was man im Großherzogtum durch seine Strass, Schléck oder Guergel (Kehle) in Panz, Träip, Mätti (Bauch) oder Mo (Magen) befördert, sind meist Leckereien. Diese unterliegen folgenden Steigerungsformen: gutt Mäifelcher (guter Happen), eppes ganz Guddes, Schnekerei, Delikatess und Exzellentes.

Der Tag beginnt mit dem Frühstück, dem Kaffi drénken, was zwar mit Kaffee trinken übersetzt werden kann, jedoch ohne weiteres auch

*Für den kleinen Hunger gibt's in fast allen Cafés unter anderem ein* Croque Monsieur *(ein Toastsandwich).*

aus einer Tasse waarme Schockela (einer heißen Schokolade) bestehen darf. Man bezeichnet „frühstücken" konsequent hartnäckig immer mit Kaffi drénken. Der gleiche Begriff wird vereinfachend gleich für den Nachmittagshappen und das Abendbrot (ze Nuecht iessen) mitbenutzt. In den zahlreichen Cafés wird selten ein reichhaltiges Frühstück angeboten. Der romanische Einfluss gebietet es hier, ein einfaches Croissant vorzuziehen. Wenn überhaupt, frühstückt man eher süß, Wurst und Käse sind verpönt. Der Überbegriff für Frühstücksgebäck lautet eng Mëtsch, dazu zählen alle süßen Teilchen, wie beispielsweise Aachtercher und Schokoasrullen.

Wer im Lande als richtiger Bonvivant (Schlemmer) gelten möchte, halte sich beim Essen an alle Gänge:

| | |
|---|---|
| **Apéritif** | Aperitif |
| **Entrée** | Vorspeise |
| **Haapt-Plat** | Hauptgang |
| **fir dono, Dessert** *für danach* | Nachtisch |

Wer in den guten Restaurants speisen möchte, sollte vorher unbedingt reservieren und sich im Klaren darüber sein, dass vom Garçon (Kellner) über den Maître d'Hotel (Restaurantchef) bis zum Patron (Besitzer) Französisch die Sprache der Wahl ist. Darum wird in einigen der folgenden Beispielsätze auch die französische Übersetzung mit angegeben.

In besseren Restaurants sucht man sich seinen Platz nicht selbst aus. Ein Placeur oder eine Placeuse weisen einem den Weg zum Tisch. Ein Trinkgeld von etwa 5% gilt als üblich.

**Ass hei fräi?**
Ist hier frei?

**Ass hei reservéiert?**
Ist hier reserviert?

**Wann ech gelift, as dësen Dësch reservéiert?**
*franz.: Pardon, est-ce que cette table est reservée?*
Entschuldigung, ist dieser Tisch reserviert?

**Wann ech gelift, d'Menuskaart.**
*franz.: La carte s.v.p.*
Die Speisekarte, bitte.

© Joscha Remus

**Wat steet haut um Menu?**
Was ist heute das Tagesgericht?

**Ginn et bei Iech Bréidercher?**
Haben Sie belegte Brötchen?

| | |
|---|---|
| **Pardon, hei feelt ...** | Entschuldigung, hier fehlt ... |
| **e Messer** | ein Messer |
| **e Läffel** | ein Löffel |
| **eng Forschett** | eine Gabel |
| **den Ueleg** | das Öl |
| **den Esseg** | der Essig |

**D'Rechnung wann ech gelift.**
*(französisch:) L'addition s.v.p.*
Die Rechnung bitte.

## Luxemburger Köstlichkeiten

Als das Nationalgericht schlechthin gilt:

**Judd mat Gaardebounen**
Schweinekamm/hals mit Saubohnen

*Die Variationsbreite der luxemburgischen Küche reicht mühelos von traditionell bäuerlicher Kost bis zu den edelsten Formen der internationalen Gaumenfreuden.*

Die Luxemburger würden den Kachkéis (Kochkäse, *franz.: Concaillotte*) wohl in der nach oben offenen Spezialitätenskala ganz weit vorne ansetzen. Er ist eine der klassischen Spezialitäten des Landes. Traditionell wird er mit Senf und warm serviert. Der Comic-Nationalheld Super-Jhemp erhält durch Kachkéis seine übernatürliche Kraft.

**Ënnenzopp**

*Soupe à l'oignon* / Zwiebelsuppe – Während der Fastnacht und zu Sylvester torkeln die Geken hierfür nach Mitternacht in ein gemütliches Café.

**Bëtschelsragout**

*Chevreau en ragoût* / Zickleinragout – Im Restaurant hört man des Öfteren den kulinarischen Ausruf zaart ewéi e Bëtschel, zart wie ein Zicklein, und das nicht nur zur Osterzeit.

**Biwwelamoud**

*Boeuf à la mode façon luxembourgeoise* / Sauerbraten – Typisches Kirmesessen. Das Abeezen (Einbeizen) des Fleisches erfolgt mit gleichen Anteilen Riesling und Estragonessig.

*Da die Luxemburger für alles, was mit Essen zusammenhängt, die französische Sprache bevorzugen, steht in dieser Auflistung die französische Bezeichnung jeweils in kursiver Schrift.*

**Nonnefäscht**

*Pets de nonne* / Nonnenfürze – Der Sage nach soll im späten Mittelalter ein Bischof die Küche eines Nonnenklosters betreten haben, während eine Nonne eben dieses Gebäck in das heiße Fett tauchte. Das Geräusch erinnerte den Bischof an ein menschliches Missgeschick und er taufte das Gericht kurzerhand Nonnenfurz.

**Hielennerbléien am Deeg**

*Fleurs de sureau en beignets* / Holunderblütenpfannkuchen – Eine Frühlingsdelikatesse. Die Blüten werden in den Teig getaucht und später gleich vom Holunderstiel weg geknabbert. Man trinkt dazu gerne einen Auxerrois-Wein, sollte aber abgas- und spritzmittelfreie Holunderblüten auftreiben können.

**Bettseecheschzalot**

*Salade de pissenlit (Insbettmachersalat)* / Löwenzahnsalat – Er erhielt seinen Namen, weil der Löwenzahn die Nierenfunktion anregt. Das Zalotstiechen (Salatstechen) ist ein beliebter luxemburgischer Volkssport geworden. Die zartesten Bettseecher findet man Anfang März bis Ende April.

**Mauséiercheszalot**

*Salade de blé* / Mausöhrchensalat – Mausöhrchen, auch als Rapunzel bekannt, wird gerne zu Rindfleisch gegessen.

*Beim* Biffdeck *handelt es sich keinesfalls unbedingt um ein Stück vom Rind.*

**Päerdsbiffdeck**

*Steak de cheval* / Pferdesteak – Da man sich nicht zwischen dem deutschen Wort „Schnitzel“ und der französischen Bezeichnung „Escalope“ entscheiden kann, wählt man eben die elegante französische Variante des englischen Ausdrucks.

**Sauermous**

*Choucroute garnie* / Sauerkraut – Eine der luxemburgischen Spezialitäten. Es ist dem elsässischen *Choucroute garnie* verwandter als der deutschen Art der Zubereitung.

**Verwurelt Gedanken**

*Verworrene Gedanken* / Teigknoten – Verdrehter und frittierter Teigknoten. Der Ursprung des Namens ist verworren und unklar.

**Ham am Deeg**

*Jambon en croûte* / Schinken im Teigmantel – Falls jemand das Wort Gussemammshenneschten aufschnappen sollte, gemeint ist der hinterste Teil des Hinterschinkens einer Sau.

**Fierkelshämmchen am Schäffchen**

*Jambonneau de porcelet* / Ferkelschinken aus dem Ofen – Traditionelles Kirmesessen.

**Hambiersglace**

*Glace aux framboises* / Himbeereis – Hat nichts mit Schinken zu tun, sondern ist schlichtes Himbeereis.

Die Kartoffeln nennt man Gromperen oder Buppen. Die beliebtesten Beilagen auf Gromperen-Basis sind Nësscroquetten (Nusskroketten), Gromperebällercher (Kartoffelbällchen) und Grompereschnéi (Kartoffelpüree).

Der gewöhnliche rastlose „Fastfooder" kommt natürlich auch auf seine Kosten. An jeder Fritte-Bud (Frittenbude) erhält er die allseits bekannten gelben Fett- und Kalorienbomben. Doch auch hier der kleine Unterschied: Belsch Fritten (Belgische Pommes frites) werden in hellem Rinderfett gebraten, nicht in Pflanzenfett. Die Abkürzung Mayo ist übrigens hier unbekannt, also bitte mit Mayonnaise. Ein weiteres schnelles Highlight ist Thüringer mat Moschtert. Die Thüringer Bratwurst mit Senf soll schon Besucher aus Thüringen in Begeisterung versetzt haben.

*Bratkartoffeln heißen je nach Gegend* gefockste, gebootschte, geputschte, gefuusste *oder* gedupte Gromperen. *In der Regel gehört über die* gefockste Gomperen *beim Braten ein guter Schuss Kaffee.*

**weitere Spezialitäten**

| | |
|---|---|
| **Boxemännercher, Kleesercher** | Hefegebäck zu St. Nikolaus |
| **Éil am Riesling** *Anguille au Riesling* | Aal in Wein |
| **Eisekuch** *Gaufres* | Waffeln |
| **Feldhong mat Kabes** *Perdrix au chou* | Rebhuhn mit Weißkohl |
| **Fräschenhamen** *Cuisses de grenouilles* | Froschschenkel |
| **Gebroden Äppel** *Pommes au four* | Bratäpfel |

| | |
|---|---|
| **gefëllte Poulet**<br>*Poulet farci* | gefülltes Brathähnchen |
| **Gekachte Frell**<br>*Truite bleue* | Forelle blau |
| **Hiecht**<br>*Brochet* | Hecht |
| **Hierken**<br>*Hareng* | Hering |
| **Hingerbritt**<br>*Bouillon de poule* | Hühnerbrühe |
| **Hong am Jelli**<br>*Poule en gelée* | Huhn in Gelee |
| **Huesenziwwi**<br>*Civet de lièvre* | Hasenpfeffer |
| **Huesepati**<br>*Terrine de liévre* | Hasenterrine |
| **Ierbëssebulli**<br>*Soup aux pois* | Erbseneintopf |
| **Kaarp**<br>*Carpe* | Karpfen |
| **Kanéngchen**<br>*Lapin* | Kaninchen |
| **Mullen**<br>*Moules* | Miesmuscheln |
| **Quetscheflued**<br>*Tarte aux quetsches* | Zwetschgenkuchen |
| **Réi**<br>*Chevreuil* | Reh |
| **Réigigot**<br>*Gigue de chevreuil* | Rehkeule |
| **Rëndsbrot**<br>*Rôti de boeuf* | Rinderbraten |

| | |
|---|---|
| **Rëndsjarret mat Champignonen** *Jarret de boeuf chasseur* | Ochsenbeinscheibe nach Jägerart, mit Champignons |
| **Schleeken** *Escargots* | Schnecken |
| **Schnuddelhong** *Dinde aux marrons* | Truthahn mit Maronen |
| **Träipen** *Boudin noir* | Gebratene Blutwurst |
| **Wellschwäin** *Marcassin* | Wildschwein |

## Ausdrücke rund ums Essen

| | |
|---|---|
| **déck sat sinn** | gut abgefüllt sein |
| **glott** | wählerisch, was das Essen betrifft |
| **goureg** | mager |
| **hongereg wéi d'Sau** | hungrig wie ein Bär |
| **Zerweit** | Serviette |
| **Jatt** | Schale für Milchkaffee |

## trinken & saufen

Geht der Tag zur Neige, macht man sich in den vielen Lokalen im Gronn und den sonstigen Vergnügungsvierteln gerne einen Beaujolais-Owend. Man geht e Patt oder eng Schlupp huelen (einen Schluck nehmen). Als Stëmmungsmécher dienen neben Béier (Bier) und Wäin (Wein), auch ugemaachten Dréppen (angemachter Branntwein). Hier die bekanntesten:

*Die* Dréppen *(Tropfen) werden auch gerne zu Hause selber gezogen, indem man* Bieren *(Beeren) oder* Kraider *(Kräuter) dem klaren Hochprozenter hinzufügt. Die luxemburgischen Hausapotheken sind oft gut bestückt. So hilft* Dännespëtzendrëpp *(Fichtennadelschnaps) hervorragend gegen Husten.*

| | |
|---|---|
| **Äppeldrëpp** | Apfelbranntwein |
| **Fruuchtdrëpp** | Korn |
| **Nossdrëpp** | Walnussschnaps |
| **Quetsch** | Zwetschgenwasser |
| **Wakelterdrëpp** | Wachholderbranntwein |

Nach einem guten Essen kommen als Modrëpsen (Bauchtropfen, Magenwärmer) nur gute Drëppen in Frage

Ganz liebevoll wird Hochprozentiges, also Schnaps auch als Schnorri oder Schnicki bezeichnet. Das Großherzogtum hat laut Statistik den höchsten Branntweinverbrauch der Welt. In Wirklichkeit trinken jedoch auch die lieben Nachbarn die guten Tröpfchen weg, weil die Preise so günstig sind.

E sëffegen Humpe Béier (einen saftigen Krug Bier) trinkt der Luxemburger gerne mit viel Schaum. Verpönt ist die belgische Unart, das Bier ganz ohne Schaum zu trinken.

## weitere Getränke

| | |
|---|---|
| **Rousperter** | Mineralwasser mit Kohlensäure |
| **Waasser** | Mineralwasser ohne Kohlensäure |
| **Jus** | Saft |
| **Jus de Pommes** | Apfelsaft |
| **Orangejus** | Orangensaft |

## Ausdrücke rund ums Trinken

| | |
|---|---|
| **Schluppert** | Trinker, Schluckspecht |
| **Villesoff** | Wortspiel aus „Philosoph" und „Vielsäufer" |
| **Soff** | Saufkopf |
| **e Patt** | Glas |
| **Humpen** | großer Bierkrug |
| **e Patt huelen, eng Schlupp huelen** | einen heben gehen |
| **e Schotz drénken** | ein Schlückchen nehmen |
| **déck een huele goen** | saufen gehen |
| **eenzock an Ex** | in einem Zug, auf Ex |
| **e gudde Strapp** *eine gute Menge* | saufen |
| **Schallimmo** | Strohhalm |
| **eidel** | leer |

**Eng tournée générale fir d'Stuff!**
Eine Runde für alle!

## Maßeinheiten für Bier & Schnaps

| | |
|---|---|
| **Mini, Flûte** *(Flöte)* | 0,25 |
| **Humpen, Klensch** | 0,33 |
| **Stiwwelen** *(Stiefel)* | 0,5 bis 1,0 |
| **eng Dräpp** | ein Kurzer |

**Sech léiwer de Mo verrenkt, wéi dem Wiirt eng Dräps geschenkt.**
Lieber den Magen verrenkt, als dem Wirt 'nen Tropfen geschenkt.

*Getrunken wird nach dem nebenstehenden Motto.Klar, dass es bei dieser Einstellung des Öfteren zu hochgeistigen Zuständen kommt.*

## der Rausch & die Folgen

| | |
|---|---|
| **besoff** | *besoffen* |
| **déck op der Läich sinn** | *dick auf der Leiche sein* |
| **eng am Biitz hunn** | *einen im Wasserkessel haben* |
| **eng an de Been hunn** | *einen in den Beinen haben* |
| **eng pechen hunn** | *eine kleben haben* |
| **eng sëtzen hunn** | *einen sitzen haben* |
| **eng hänken hunn** | *einen hängen haben* |
| **eng am Our hunn** | *einen im Ohr haben* |
| **eng kleng un hunn** | *einen Kleinen drinhaben* |
| **sat** | *satt* |
| **ugedronk** | *beschwipst* |
| **ugeschoss** | *angeschossen* |
| **voll sinn** | *voll sein* |

## am Tag danach

*Was das Trinken betrifft, greift man gerne tiefer ins* Porte-feuille. *Absolut verpönt ist die billige Fuselvariante. Verächtlicherweise spricht man hier vom* Château-Migraine!

| | |
|---|---|
| **op d'Schnëss goen** | auf die Schnauze fallen |
| **e Kapp wéi en Autobus hunn** | 'nen Kopf wie ein Autobus haben |
| **an d'Gette goen** | in die Knie gehen |
| **den Dachdecker op Besuch hunn** | die Dachdeker auf Besuch haben |
| **am Jelli/Solper leien** | fertig rumliegen wie Pökelfleisch |
| **de Männche mam Hummer** | das Männchen mit dem Hammer |

## kleine Weinkunde

**Beim Wäi geet d'Zong op Stelzen.**
Beim Wein geht die Zunge auf Stelzen.

Bereits vor der Römerzeit wurde an der Mosel Wein angebaut. Die unterste Weinkategorie ist der Vin classé, zu der z. B. ein einfacher Elbling gehört. Dies ist der Alltagswein der Luxemburger. Höher in der Gunst steht die Marque Nationale, meist ist dies ein Rivaner, ein trockener Tafelwein, eine Riesling-Sylvaner-Mischung. Auxerrois, ein zart-fruchtiger Aperitifwein, sowie Pinot blanc und Pinot gris sind weiße Burgundersorten, die zu Fisch oder Fleisch getrunken werden. Gewürztraminer trinkt man zum Dessert. Alle diese Weine können neben dem berühmten Riesling die höchsten Kategorien erreichen, Premier cru oder sogar Grand premier cru. Ein Blick auf das Etikett lohnt sich also.

Im Spätherbst taucht in allen Wiertschaften (Gaststätten) der Fiederwäisse auf. Diesen gleich nach der Hauptgärung abgefüllten Wein sollte man in Maßen trinken, denn ihm ist eine gewisse abführende Wirkung nicht abzusprechen, womit wir auch schon beim nächsten wichtigen Kapitel wären.

# Klo & Co.

Ausdrücke für Durchfall:

| | |
|---|---|
| **Schësser** | *Scheißerei* |
| **Tommel-dech** | *Beeildich* |
| **Courez-vite** | *Laufschnell* |

Die geheime Welt der Wasserklosetts kann man verbal in der breiten Skala von piekfein bis ultravulgär abhandeln, hier ein kleiner Querschnitt. Verständlicherweise gilt die letzte Wendung nur für Männer:

**eng grouss/kleng Kommissioun maachen**
ein großes, kleines Geschäft machen

**mat Glacéshändschen op d'Toilett goen**
snobistisch, mit Glacéhandschuhen

**dem Klengen déi grouss Welt weisen**
dem Kleinen die große Welt zeigen

| | |
|---|---|
| **eng Miselche machen** | pinkeln |
| **strullen** | pinkeln |
| **seechen** | pissen |
| **ee koupen** | scheißen |
| **Schäisshaus** | Scheißhaus |
| **Hei facht et!** | Hier stinkt's! |

Das Wort für „Toilettenpapier" ähnelt dem deutschen zwar sehr, hat aber im Luxemburgischen den Vorteil, dass man ihm im Schriftbild bereits den Ort der Handlung ansieht: Kabinetspobéier. Hier noch einige Wörter fürs Bad:

| | | |
|---|---|---|
| **Seef** | Seife | |
| **Zännseef** | Zahnpasta | |
| **Läppchen** | Waschlappen | |
| **d' Zänn wäschen** | die Zähne putzen | |
| **de Kapp wäschen** *den Kopf waschen* | die Haare waschen | |
| **de Baart machen** *den Bart machen* | rasieren | |
| **séch fierwen** | sich schminken | *sich färben* |
| **d' Neel botzen** *Nägel putzen* | maniküren | |
| **an d'Buedbidde goen** | ein Bad nehmen | |

## Die lockere Sprache des Alltags

Mit den Steigerungsformen déck, sau, flott und immens lässt sich jede Unterhaltung pikant würzen.

### Vergnügen & Spaß

| | | |
|---|---|---|
| **en immens flotte Film** | ein sehr guter Film | |
| **et ass décke Gas** *es ist dickes Gas* | es ist toll was los | |
| **Pleséier** | Vergnügen | |
| **Boîte** | Disco | *frz. Kiste* |
| **op d'Strumm goen** | ausgehen | |

| | |
|---|---|
| **eppes wëlles hunn** | etwas vorhaben |
| **eppes ënnerhuelen** | etwas unternehmen |
| **mir gin hotten** | wir gehen tanzen |
| **flippen** | ausflippen |
| **d' Sau rausloossen** | die Sau rauslassen |
| **e flotten Owend** | ein schöner Abend |
| **d'Bud ass strubbelvoll** | die Disco ist rappelvoll |
| **do wor jett eppes lass** | da war was los |
| **eng fatzeg Melodie** | eine schwungvolle Musik |
| **seng Béierpanz schwenken** *seinen Bierbauch schwingen* | tanzen |
| **déi Jonk** | die jungen Leute |
| **Bass de prett?** | Bist du fertig? |
| **Prett?** | Fertig? |
| **Looss mer goen!** | Lass uns losgehen! |

**Mir sinn erausgaang wéi d'Sau!**
*wir sind rausgegangen wie die Säue*
Wir haben tierisch was erlebt!

## begrüßen, quatschen, labern

| | |
|---|---|
| **(ver)zielen** | erzählen |
| **Bulle maachen** *Blasen machen* | blöd reden |
| **Firwat ass et?** | Worum geht's? |
| **klapen** | tratschen |
| **Lee eng aner Plack op.** | Leg einen anderen Ton auf. |

*Leg eine andere Platte auf!*

| | |
|---|---|
| **Ma mer keen Ouer.** *mach mir kein Ohr* | Laber mich nicht voll. |
| **Oh, alt esou.** | Oh, es geht. |
| **schwätzen** | reden |
| **tozen** | tratschen, dumm reden |
| **tuddelen** | stottern, dumm reden |
| **Wéi ass et?** | Wie geht's? |
| **Wéi ëmmer, gutt.** | Wie immer, gut. |

**Schwätz kee Blech, d'gëtt dach kee Klang.**
Red kein Blech, es gibt doch keinen Ton.

**Tuddel du mir, ech zortéiren.**
Stotter du nur rum, ich sortier' das dann.

## schimpfen, fluchen, nörgeln

| | |
|---|---|
| **Krëtjëft!** | Verdammt! |
| **Krëtjëftnomol!** | Verdammt nochmal! |
| **Nondidjuppnamol!** | Istdochnichtmöglich-nochmal! |
| **Nondikass!** | Herrgottnochmal! |
| **Oh freck!** | Verdammt! / Oha! |

Hier eine Auswahl aus dem reichhaltigen Angebot des kreativen Gestaltens eindeutiger Titulierungen (Beleidigungen) und Anreden.

| | |
|---|---|
| **al Kréischel** | alte dumme Schachtel |
| **Bakalau** | Portugiesen (nach deren Leibgericht Kabeljau) |
| **Biischtert** | geiler Bock |

*Sie sollten verstehen, was Sie hören. Vom Gebrauch dieser Redewendungen ist aber abzuraten!*

| | |
|---|---|
| **Bir, Bootscha** | Italiener |
| **Blëll** | Blödian |
| **Dabo** | Trottel, Tölpel |
| **Dëlpes** | Tollpatsch |
| **Dreckspanz** | hinterfotziger Typ |
| **Driipsert** | Lahmarsch |
| **Eefalt** | Depp |
| **Féck** | Hure |
| **Fimmi** | Schwuler, Schwuchtel |
| **Gaga** | alter Tattergreis |
| **Hirni** | Idiot |
| **Houerejeër** *Hurenjäger* | Schürzenjäger |
| **Intebinnes** *Entenpenis* | naiver Mensch |
| **Kéiskapp** *Käsekopf* | Holländer |
| **Kachkéiskapp** *Kochkäsekopf* | (nicht nur für) Holländer |
| **Klont** | Hure |
| **Klunni** | komischer Kerl, Clown |
| **Läisknéckert** *Läuseknacker* | geiziger Mensch |
| **Mierkallef** | Mondkalb |
| **elle Mouk** | hässliche Kröte |
| **Peggi** | Belgier (vom Branntwein: *Pèkèt*) |
| **Preiss** *Preuße* | Deutscher |
| **Quissel** | sehr bigotte Frau |
| **Räbbi** | Gesindel |
| **Seechkapp** | Pisskopf |

| | |
|---|---|
| **Staterhari** | Dorfbewohner verspotten so die Einwohner der Stadt Luxemburg. |
| **Sténkert** | Person mit unangenehmem Geruch |
| **Stura** | ungestümer Bengel |
| **Suddeler** | einer, dem das Essen ständig wieder aus dem Mund fällt |
| **Topert** | Einfaltspinsel |
| **Tränteler** | langsamer Mensch |
| **Vullemätti** | Arschloch |
| **Wichsert** | egozentrischer Selbstbeweihräucherer |

Staterhari *ist ein Wortspiel mit „Matahari", der berühmten Spionin, wobei „Matahari" indonesisch ist und für das Wort „Sonne" steht: „mata" bedeutet Auge, „hari" Tag. Die Spionin als „Auge des Tages"!*

## Hau ab!

| | |
|---|---|
| **A vive eraus hei!** | Jetzt aber raus hier! |
| **aus dem Stëps maachen** | aus dem Staub machen |
| **Elo geet et duer!** | Jetzt reicht's! |
| **Géi leck d'Steckdous!** *geh leck die Steckdose* | Hau ab! |
| **Géi op d'Schinne spillen!** *geh auf den Schienen spielen* | Verdufte! |
| **Hal de Bak!/Hal se!** *halt die Backe* | Halt die Fresse! |
| **Kuff d'Schmull!** | Halt's Maul! |
| **Ma dech ewech!** *mach dich weg* | Verschwinde! |
| **Maach keng Schëpp!** *mach keine Schaufel* | Zieh kein Gesicht! |
| **Misär hunn** | Kummer haben |

| | |
|---|---|
| **Plënner!** *zieh um* | Verdufte! |
| **Reproche maachen** | Vorwürfe machen |
| **stëppelen** | aufwiegeln, Staub machen |
| **Zéi Waasser!** *zieh Wasser* | Verpiss dich! |

## Ausdrücke für ihn

D'Sau *(Typ) ist weniger vulgär als im Deutschen.*

| | |
|---|---|
| **Béierpanz** | Bierbauch |
| **d'Sau** | Typ |
| **Déier** *Tier* | Macho |
| **Fiffi** | Liebling |
| **Fossi** | Dummi |
| **Fuzzi** | komischer Typ |
| **Hierk** | dünner Hering |
| **immensen Tippchen** | toller Typ |
| **keen Aaf** *kein Affe* | gutaussehender Typ |
| **Knëff** | Typ |
| **Krappert** | halbe Portion |
| **Mec** | Typ, Kerl |
| **Méckentarzan** | Mückentarzan |
| **Monsieur** | Herr |
| **Schaf** | Kleiderschrank |
| **Schankerabbeler** *Knochenklapperer* | Bohnenstange |
| **Tutebatti** | liebenswerter Vielschwätzer |

## Ausdrücke für sie

| | |
|---|---|
| **Batz** *Apfel-Kerngehäuse* | leichtes Mädchen |
| **elle Poz** | hässliche Nudel |
| **eng Schéinheet/ Beauté** | eine Schönheit |
| **eng flott Moss** | eine dufte Biene |
| **eng ellen Moss** | eine hässliche Schachtel |
| **Joffer – Madame** | Fräulein – Frau |
| **Meedercher** | Mädchen (Mz) |
| **Dëppchen** | aufgetakelte Frau |
| **Schécks** | Tussi |

Dëppchen
= *Puderdose*

| | |
|---|---|
| **Noss** | Nuss |
| **Streisel** *(Streusel)* | pickliger Mensch |
| **eng Pizza** | Steigerung von Streisel |

*Die nebenstehenden Ausdrücke kommen für beide Geschlechter in Betracht.*

## Streit & wie man ihn vermeidet

| | |
|---|---|
| **Dispute** | Wortstreit |
| **Klaatschert** | Petzer |
| **Knaasch** | Knatsch |
| **Sträit** | Streit |
| **Uschësser** *Anscheißer* | Denunziant |
| **vernennen** | beschimpfen |

**Mir platzt de Colli.**
Mir platzt der Kragen.

**Du geess mer ferm op d'Nerven.**
Du gehst mir sehr auf die Nerven.

| | |
|---|---|
| **aus dem Stëps maachen** | aus dem Staub machen |
| **dat mecht näischt** | das macht nichts, ist egal |
| **dat ass näischt** | das macht nichts |
| **duerch d'Fangere kucken**<br>*durch die Finger gucken* | ein Auge zudrücken |
| **Garlabox!** | Untersteh dich! |
| **héissen** | große Schritte machen |

## begreifen, verstehen, kapieren

**Do kommen ech net no.**
*da komme ich nicht nach*
Das verstehe ich nicht.

**Ech hunn kee Schwanz kapéiert.**
*ich habe keinen Schwanz kapiert*
Ich habe rein gar nichts kapiert.

**Ech versti kee Kouschwanz.**
*ich verstehe keinen Kuhschwanz*
Ich verstehe nur Bahnhof.

| | |
|---|---|
| **Camion héieren**<br>*Lastwagen hören* | böhmische Dörfer |
| **Do keng sou Kreesch.** | Schrei nicht so. |
| **Ëm wat geet et?** | Worum geht's? |
| **en Ablack** | einen Augenblick |
| **en Ament, w.e.g.** | einen Moment, bitte |
| **Jirri-Mirri** | Durcheinander |
| **ouni Commentaire** | ohne Kommentar |

## erstaunt sein

| | |
|---|---|
| **Chance, Gléck** | Glück |
| **Dat ass awer echt!** | Originell! |
| **Ech si paff.** | Ich bin baff. |
| **krass** | ungewöhnlich |
| **Nee, seriö?** | Echt, wirklich? |
| **séch erféieren** | sich erschrecken |

## unsicher sein

| | |
|---|---|
| **duurcherneen** | verwirrt, durcheinander |
| **nët sécher** | unsicher |

**Wat weess ech dann?**
Was weiß denn ich?

**Ech hu mech nach nët decidéiert.**
Ich weiß noch nicht.

## egal, kein Problem

**Dajee alt.**
Nun gut, meinetwegen.

**Ech foutéiere mech.**
Ist mir schnuppe.

**Jo an? Kee Problem!**
Na und? Kein Problem!

**Ma wats de denks.**
Mach was du willst.

| | |
|---|---|
| **mengerwärreg** | meinetwegen |
| **pupegal** | scheißegal |
| **sou laang wéi breet** | total egal |
| *so lang wie breit* | |

## klauen & betrügen

| | |
|---|---|
| **engem eng ophänken** *jmd. e. aufhängen* | einen Bären aufbinden |
| **ee beducksen** | jmd. übers Ohr hauen |
| **uschmieren** | jmd. anschmieren |
| **Déif** | Dieb |
| **een eraleen** | jmd. hereinlegen |
| **Fauteler** | Betrüger |
| **Fuddeler** | Mogler |
| **hannert d'Liicht féieren** | hinters Licht führen |
| **laang Patte maachen** *lange Pfoten machen* | klauen |
| **Ligener** | Lügner |
| **Streppert** | Betrüger |
| **uschäissen** | bescheißen |
| **Wichskommi** | schleimiger Vertreter |
| **zoppen** | stehlen |

## lernen, studieren, arbeiten

*Luxemburg hat keine eigene Universität. Die Studenten gehen deshalb in die näheren Uni-Städte* Tréier *(Trier),* Saarbrécken *(Saarbrücken) oder* op Bréissel *(Brüssel) oder* op Paräis *(Paris).*

| | |
|---|---|
| **béchsen** | büffeln |
| **Bécksert** | sturer Auswendig-lerner, Büffler |
| **blo maachen** | blau machen |
| **Chômage** | Arbeitslosigkeit |
| **eng Wurrel am Kapp** *ein Knoten im Kopf* | keine Ahnung |
| **eng Retenue kréien** *(frz.* retenu*)* | nachsitzen |
| **Haff** | Schulhof |

| | |
|---|---|
| **Klatschert** | Petzer |
| **Kluckeschëssert** | Besserwisser, Klugscheißer |
| **knäipen** | spicken, abschreiben |
| **krootzelen** | unleserlich schreiben |
| **liberéiert sinn** *befreit sein* | entlassen |
| **Lycée** | Gymnasium |
| **Premièresexamen** | Abitur |
| **Schoulsak** | Schulranzen |
| **sech freckt/futti schaffen** | sich kaputt arbeiten |
| **Tënteschëssert** *Tintenscheißer* | Student, kleiner Beamter |

## Angst haben

| | |
|---|---|
| **fäerten** | ängstlich sein |
| **Fäertert** | Angsthase |
| **Fäertaasch** | (Steigerung:) Angstarsch |
| **Fäert nët!** | Hab keine Angst! |

## kaputt sein, es satt haben

| | |
|---|---|
| **futti / freckt** | kaputt |
| **träntelen** | langsam gehen |

**Ech hunn de Kéis.** *ich habe den Käse* **Ech hat déck d'Flemm.** *ich habe dick den Überdruss*
Ich habe es so dicke. Ich hatte es so satt.

| | |
|---|---|
| **engem eng fachen** | jmd. eine patschen |
| **eng gedunnt kréien** | eine geklatscht kriegen |
| **eng gekroopt kréien** | eine gescheuert kriegen |
| **eng gemoult kréien** | eine gelangt kriegen |
| **eng geweitscht kréien** | eine gewischt bekommen |
| **Moulen** | Fäustlinge |

*auch: elektrisch*

**Du kriss gläich eng an d'Suckel.**
*du kriegst gleich eine in den Schnuller*
Du kriegst gleich eine in die Fresse.

**D'Féiss an de Grapp huelen.**
*die Füße in die Fäuste nehmen*
Die Beine in die Hand nehmen.

**Ech huelen dech bei de Buuschten.**
*ich nehme dich bei den Haarbüscheln*
Die Ohren lang ziehen.

## Glück & Pech haben

| | |
|---|---|
| **Chance / Gléck** | Glück |
| **Du aarm Sau.** | Du Armer. |
| **Grad elo, sou en Dreck.** | Ausgerechnet jetzt, dieser Mist. |
| **Hal de Kapp héich.** | Kopf hoch. |
| **Merde!** | Scheiße! |
| **Sou e Schäiss.** | So eine Scheiße. |
| **Wat e Misär.** | Was für ein Unglück. |

## super, spitze, affengeil

| | |
|---|---|
| **exzellent** | ausgezeichnet |
| **bon!** | gut |
| **dat as déck** | super |
| **de Glanz** | klasse, perfekt |
| **décke Gas** | spitze, toll was los |
| **genial** | toll |
| **gentil** | nett, fein |
| **gutt! – joo!** | gut! – klasse! |
| **total labber** | lässig, locker |
| **wat bal nët ka sinn** | fabelhaft |

*was bald nicht sein kann*

## Der Körper

**H**äerzklappe sind keine künstlichen Herzklappen, sondern bedeutet schlicht und ergreifend „Herzklopfen".

| | | | |
|---|---|---|---|
| **A/Aen** | Auge/n | **Aarm** | Arm |
| **Been** | Bein | **Blutt** | Blut |
| **Broscht** | Brust | **Fanger** | Finger |
| **Fouss** | Fuß | **Häerz** | Herz |
| **Hand** | Hand | **Héiss** | Schenkel, Hüfte |
| **Hoer** | Haar(e) | | |
| **Kapp** | Kopf | **Long** | Lunge |
| **Mond** | Mund | **Mo** | Magen |
| **Nues** | Nase | **Oder** | Ader |
| **Ouer** | Ohr | **Schanken** | Knochen |
| **Réck** | Rücken | **Träipen** | Eingeweide |
| **Zant/ Zänn** | Zahn/ Zähne | **Zeif/ Zéiwen** | Zeh/ Zehen |
| **Zong** | Zunge | | |

## krank sein

**Wou happert et / Wou feelt et dann?**
Wo fehlt es denn?

**Ech hu Kappwéi.** Ich habe Kopfweh.

**Ech hun et an der Héiss.** Ich hab' es an der Hüfte.

| | |
|---|---|
| **handikapéiert** | behindert |
| **hippen** | humpeln |
| **geschannt** | zerkratzt |
| **Aendokter** | Augenarzt |
| **Ambulanz** | Krankenwagen |
| **Apdikt** | Apotheke |
| **blo Plazen** *blaue Stellen* | Blutergüsse |
| **de Bols huelen** | den Puls fühlen |
| **Dokter** | Arzt |
| **Féiwer** | Fieber |
| **Houscht** | Husten |
| **Infirmière** | Krankenschwester |
| **Kränkt** | Krankheit |
| **kuréieren** | heilen, kurieren |
| **Mowéi** | Magenschmerzen |
| **Nuesdrëpsen** | Nasentropfen |
| **Pëll** *Pille* | Tablette, auch: Anti-Baby-Pille |
| **Péng** | Schmerz, Pein |
| **Plooschter** | Verbandspflaster |
| **Régime** | Diät |
| **Schnapp** | Schnupfen |
| **Spidol** | Krankenhaus |

| | |
|---|---|
| **Sprëtz, Piqûre** | Spritze |
| **Stëppchen** | Zäpfchen |
| **vill Wéi** *viel Weh* | großer Schmerz |
| **Zänn rappen** | Zähne ziehen |
| **Änndokter** | Zahnarzt |

## rauchen & nicht rauchen

| | |
|---|---|
| **Äschenteller** | Aschenbecher |
| **Bliedercher** *Blättchen* | Zigarettenpapier |
| **Briquet** | Feuerzeug |
| **dämpen** | rauchen, qualmen |
| **e Strapp zéien** | einen Zug nehmen |
| **fëmmen** | rauchen |
| **Fixfeier** | Streichhölzer |
| **flätschen, flutschen** | paffen |
| **Gëftnuddel** *Giftnudel* | Zigarette |
| **Longentorpedo** *Lungentorpedo* | Zigarette |
| **nët fëmmen** | nicht rauchen |
| **Non fumeurs** | Nichtraucher |
| **Pumm** | Fluppe |

**Do ziss du der de Läpp an den Aarsch.**
So stark ziehen, dass sogar das Hemd in die Arschritze rutscht.

# Liebe & Sex

Es ist schon eigenartig. Ein Satz, der auf der ganzen Welt nur allzuoft voreilig und leichtfertig der oder dem Liebsten entgegengehaucht wird, existiert im Lëtzebuergeschen nicht: „Ich liebe dich." Entweder weicht man hier auf die Nachbarsprachen Deutsch oder Französisch aus, in denen es eine eindeutige verbale Möglichkeit der Liebesäußerung gibt, oder versucht es mit der innigsten luxemburgischen Variante sprachlich menschlicher Zuneigung: Ech si frou mat Dir *(ich bin froh mit dir)*. Diese sympathische sprachliche Vorsicht, was tiefste menschliche Emotionen betrifft, diese zarte Distanz, sobald das Häerzklappen (das Herzklopfen) einsetzt und das Kohlen (Flirten) beginnt, findet ihre Fortsetzung im Gebrauch liebkosender Worte.

*Um das Objekt der* Loscht *(Begierde, Lust) zu* verféieren *(verführen), greift man/frau im Großherzogtum gerne auf das umfangreiche Vokabular der Zoologie zurück. Man versuche es mit nebenstehenden Flirt-Wörtern, die alle auch „Liebling" bedeuten.*

| | |
|---|---|
| **Dickelchen** | *Küken* |
| **mäin Hues** | *mein Hase* |
| **mäin Hieschen** | *mein Häschen* |
| **mäi Stuppes** | *meine Hasenstupsnase* |
| **Päiperlek, Pimpampel** | *Schmetterling* |
| **Stippchen** | *Stupsnase* |

Zungenakrobatisch Veranlagte sollten sich einmal an die liebkosenden Wörter Nuetsquénkelchen und Gehaansfénkelchen heranwagen. Da selbst Luxemburger/innen mit der [illegible] tung dieser Wörter nicht immer vertraut sind, (beide heißen „Johanniswürmchen“), ist ein anschließendes Kennenlernen nach dem Verweis auf dieses Büchlein wahrscheinlicher geworden.

| | |
|---|---|
| **balzen** | flirten |
| **draguéieren** | anmachen |
| **erueweren** | erobern |
| **kohlen** | flirten |
| **umaachen** | anmachen |
| **urappen** | aufreißen |

| | |
|---|---|
| **charmant** | aufmerksam |
| **fein** | zart |
| **frëndlech** | freundlich |
| **gäil** | geil |
| **gentil** | nett |
| **häerzeg** | herzig |
| **schnuckeleg** | schnuckelig |
| **séiss** | süß |

*Die Hauptwörter sollten mit einschlägigen Flirt-Eigenschaftswörtern geschmückt werden, um erfolgreich zu sein.*

Nimmt der rein animalische Drock zu, kippt die ganze Chose leicht um: Ein zarter Flirt entpuppt sich in Luxemburg nur allzuschnell als die pure, kulinarisch orale Sehnsucht. Selten findet man Sex und Essen so eng verbunden. Oft hat man den Eindruck, wenn Luxemburger über Sex sprechen, meinen sie eigentlich das Essen und umgekehrt. Ist die Umworbene eng gäil Schécks (ein steiler Zahn) oder eng flott Moss, was dasselbe bedeutet, und ist der Begehrte keen Aaf, im Sinne von „gar nicht so übel", oder gar e gudde Borscht (ein guter Bursche), dann sind sie meist auch:

| | |
|---|---|
| **kruppseg** | knusprig |
| **appetitterlech** | lecker |

Natürlich hat man sie zum Friesse gär (zum Fressen gern). Ist das Puppelchen (Baby) schon unterwegs, bilden Lukullik und Erotik natürlich wieder eine gemeinsame Schnittmenge:

**Hatt huet e Poulet am Schäffchen/Uewen.**
*sie hat ein Hähnchen im Ofen*
Sie ist schwanger.

*Wer es nicht bis zur Schwangerschaft kommen lassen möchte, dem sei hier ein Unerwünschtheitsvokabular an die Hand gegeben.*

| | |
|---|---|
| **e Kuerf ginn** | einen Korb geben |
| **Kapëttchen, Mutz** *Kapützchen, Mütze* | Kondom |
| **Ofso** | Absage |
| **op d'Schëff schécken** *aufs Schiff schicken* | einen Korb geben |
| **Pëll** | Pille |
| **Vullemätti** | Arschloch |
| **Wichsgummi** | Kondom |

**Dat geet mer ze séier.**
Das geht mir zu schnell.

**Et läit mer näischt drun.**
Es liegt mir nichts dran.

**Ech hu keen Iddi derzou.**
*ich habe keine Idee dazu*
Ich will das nicht.

**Ech well dat fir d'Frecken net.**
*ich will dass für das Verrecken nicht*
Ich will das verdammt nochmal nicht.

**Triwwel net sou u mir!**
Befinger mich nicht so!

**Hal deng Patte bei dir.**
Halt deine Pfoten bei dir.

| | |
|---|---|
| **depannéieren** | abschleppen |
| **druddelen** | fest drücken |
| **e Schleek ugruewen** | eine Schnecke angraben |
| **ëmäerbelen** | umarmen |
| **eng mat Spruddeli** *einer mit Sprudel* | ein nasser Schmatz |
| **eng Touche maachen** | Bekanntschaft machen |
| **engem fléiwen** | jdm. schmeicheln |
| **heemelen** | streicheln |
| **keimen** | stöhnen |
| **knuddelen** | kuscheln |
| **knuutschen** | küssen |
| **Koppel** | Paar |
| **opgäilen** | scharf machen |
| **schéin Ae maachen** | schöne Augen machen |
| **de schéine Männchen maachen** | umgarnen |
| **Schlabberei** | Abgeschlecke |
| **Schleekenzopp** *Schneckensuppe* | Zungenkuss |

*Erwünschte Kontakte gehen den Gang alles Weltlichen.*

*Hier einige wichtige anatomische Bezeichnungen bei Ganzkörperkontakten.*

Die Steigerungsformen sind bekannt. Hier noch ein paar Hardcore-Versionen:

| | | | |
|---|---|---|---|
| **biischten** | bürsten | **buppen** | bumsen |
| **käipen** | vögeln | **klaken** | knallen |
| **neelen** | nageln | **stoussen** | stoßen |

| | |
|---|---|
| **Lëpsen** | Lippen |
| **Lack** *Lack* | Haut |
| **Nennen** | Busen |
| **Mutsch, Flaus** | Muschi |
| **Fotz** | Fotze |
| **Pan** | Pfanne |
| **Kickes, Dokes, Tut, Pupes, Këscht, Hënner, Aasch** | Hintern, Arsch |
| **Vull, Jeep, Bunnes** | Schwanz |
| **Jicken** *Murmeln* | Eier |

Professionelle Hilfe holen sich **verhouert** (sexbesessene) Männer im **Klonteklouschter** (*Hurenkloster*, Bordell) bei dem/der ...

| | |
|---|---|
| **Féck** | Freudenmädchen |
| **Gaassenengel** *Gassenengel* | Bordsteinschwalbe |
| **Houer, Klont** | Hure, Schlampe |
| **Trapenhouer** *Treppenhure* | Straßenmädchen |

Achtung: Klont ist auch der Ausdruck für eine ungepflegte Frau, wird also nicht nur in der Bedeutung „Hure“ benutzt. Der Ursprung des Wortes reicht tief ins schlammig vermatschte Mittelalter zurück und bedeutete damals kotiger Ansatz am unteren Rand der Weiberröcke. Im Rotwelsch und der Lakersprache galt Klont noch bis Anfang dieses Jahrhunderts als Kosewort! Heutzutage sollte man mit der Verwendung vorsichtig sein, günstigstenfalls könnte die Angesprochene sich als „Klatschbase“ tituliert fühlen.

Zu guter Letzt noch ein guter Rat für wählerische junge Damen:

**Géi op Nospelt a looss der ee baken.**
Geh nach Nospelt und lass dir einen töpfern.

*Nouspelt ist das frühere Zentrum der luxemburgischen Töpferkunst.*

## Menschliches

Hinter den „Kulissen“ ist jeder auch nur mal Mensch:

| | |
|---|---|
| **an der Nues wullen**<br>*in der Nase wühlen* | popeln hoch zwei |
| **balucken** | schielen |
| **ee loossen**<br>*einen lassen* | furzen |
| **eng Tommel hunn** | schwindlig werden |
| **fësche goen**<br>*fischen gehen* | popeln |

| | |
|---|---|
| **gaapsen** | gähnen |
| **Hick** | Schluckauf |
| **Knätsch** | Kaugummi |
| **knätschen** | schmatzen |
| **Kootz, Boken** | Popel |
| **kräischen** | weinen |
| **kréien, späizen** | spucken |
| **laachen** | lachen |
| **néitschen** | niesen |
| **pinschen** | weinen, plärren |
| **räpsen** | rülpsen |
| **seech verschlécken** | sich verschlucken |
| **suddelen** | stottern |
| **Wuff** | Popel; Moffel |
| **zidderen** | zittern |

## Die lieben Kleinen

Welch hohen Stellenwert die süßen Kurzen einnehmen, verrät die rührende fürsorgliche Kreativität der luxemburgischen Namensgebung:

| | |
|---|---|
| **Boxeschësser** | Hosenscheißer |
| **Dillendapp** | Kreisel |
| **d' Pänz** | Kinder, Raudis |
| **Fänkches** | Fangen |
| **Foyer de jour** | Kita |
| **Jicken** | Murmeln |
| **Kamellen** | Bonbons |
| **Kand, Kënnchen** | Kind, kleines Kind |

| | |
|---|---|
| **Klunsch** | Schaukel |
| **klunschen** | schaukeln |
| **Knaschtert** | Schmutzfink |
| **Koplabunz** | Purzelbaum |
| **Krappert** | halbe Portion |
| **Mäi Fissi!** | Pass auf, mein Kleiner! |
| **Näischtnotz** | Nichtsnutz |
| **Poussette** | Kinderwagen |
| **Puppelchen** | Baby |
| **Sandkëscht** | Sandkasten |
| **Seechert** | Rotznase |
| **Spillschoul** *Spielschule* | Kindergarten |
| **Spillschoulsjoffer** | Kindergärtnerin |
| **Suckel** | Schnuller |
| **Suebelmouk** *Sandkröte* | kleines hässliches Kind |
| **verstoppen** | verstecken |

## Familie

| | |
|---|---|
| **Mamm** | Mutter |
| **Schwëster, Sëschter** | Schwester |
| **Kand** | Kind |
| **Bomi** | Großmutter |
| **Tatta** | Tante |
| **Gued, Giedel** | Patentante |
| **Papp** | Vater |
| **Brudder** | Bruder |
| **Grousi** | Urgroßmutter |
| **Bop** | Großvater |
| **Monni** | Onkel |
| **Pätter** | Patenonkel |

# Adressen

Die Vorwahl für Luxemburg lautet: 00352.

www.luxembourg-city.lu/touristinfo/

**Luxembourg City Tourist Office**
B.P.181, Place d'Armes, L-2011 Luxemburg
Tel. 222809, Fax 474818
www.luxembourg-city.lu/touristinfo/

**Informations- und Pressedienst der Regierung**
43 Boulevard Roosevelt, L-2450 Luxemburg

www.ont.lu

**Office National de Tourisme du Grand-Duché**
B.P. 1001, 1, rue Fort Thüngen,
L-1010 Luxembourg
Tel. 428282-25, Fax 428282-38

www.youthhostels.lu

**Centrale des Auberges de Jeunesse luxembourgeoises**
24-26 Place de la Gare, L-1616 Luxemburg
Tel. 225588, Fax 463987

**Wanderhütten – Info und Reservierung**
Camping Val d'Or, L-9747 Luxembourg

*Auskünfte über Ferien für Körperbehinderte im Großherzogtum erteilt:*

**Info Handicap**
20, rue de Contern, L-5955 Itzig
Tel. 366466, Fax 360885

**Diplomatische Vertretungen:**
*Deutschland:* 20-22, avenue Emile Reuter,
L-2420 Luxemburg, Tel. 4534451;
*Österreich:* 3, rue des Bains,
L-1212 Luxemburg, Tel. 226360;
*Schweiz:* 35, bd. Royal, L-2449
Luxemburg, Tel. 227474

**Weitere Links:**
www.ratgeber-luxemburg.de
www.al.lu/materials/internet

# Literaturhinweise

Wer sich auf amüsante Art an die lëtzebuergesche Sprache herantasten möchte, dem seien die Abenteuer der luxemburgischen Comic-Nationalhelden Superjhemp und Superkätti wärmstens empfohlen. Ins Luxemburgische übersetzt wurden inszwischen auch zahlreiche Bände der Asterix und Tim-und-Struppi-Serie. Ebenso sind bislang eine ganze Reihe guter und leicht zu lesender Bücher erschienen, so beispielsweise De klenge Prënz (Der kleine Prinz). Sogar an Werke der Weltliteratur hat man sich in der luxemburgischen Übersetzung schon herangewagt. So liegt eine interessante Übertragung von Shakespeares Macbeth vor: Mäcbess, Übersetzer: Jean-Michel Treinen, sowie eine des Alexis Zorbas von Nikos Kazantzakis, beide Bände im Verlag Op der Lay.

Sehr gut sind die vom Unterrichtsministerium herausgegebenen zweibändigen Lehrbücher Lwéi Lëtzebuergesch. Die Actioun Lëtzebuergesch hat sich der Verbreitung der luxemburgischen Sprache verschrieben. Die Publikationen Eis Sprooch sind mitunter recht unterhaltsam.

Wer noch tiefer in die sprachlichen Feinheiten der luxemburgischen Sprache eintauchen möchte ohne nass zu werden, kann dies tun mit dem wunderbaren Buch von Guy Berg: Mir wëlle bleiwe wat mir sin. Niemeyer Verlag, Tübingen.

*Die hier genannten Bücher/Schriften sind nicht über den Reise Know How Verlag erhältlich.*

*Gute Romane auf Luxemburgisch:*

*Guy Rewenig:*
*Lackéiert Elefanten*
*Vakanz am Pazifik*
*Grouss Kavalkad*

*Josy Braun:*
*Kréiwénkel*

*Georges Kieffer:*
*Schierbelen*

*Georges Hausemer:*
*Iwwer Waasser*

*Roger Manderscheid:*
*Feier a Flam*
*De Papagei um Käschtebam*

*(alle bei Editions Phi)*

## Grammatikalische Bezeichnungen

Auch wenn in den Bänden der Kauderwelsch-Reihe weitgehend auf lateinische Bezeichnungen verzichtet wird, ist es dennoch möglich, dass man gelegentlich auf einen mehr oder weniger unverständlichen Ausdruck stößt. Für alle, die in der Schule nur die deutschen Bezeichnungen gelernt haben, hier eine kleine Orientierungshilfe:

**Singular – Plural:** Einzahl – Mehrzahl
**Substantiv:** Hauptwort *(Apfel, Katze)*
**Adjektiv:** Eigenschaftswort *(schön, alt)*
**Adverb:** Umstandsbestimmung *(gern, immer)*
**Verb:** Tätigkeitswort *(arbeiten, waschen)*
**Präsens:** Gegenwart *(ich wasche)*
**Futur:** Zukunft *(ich werde waschen)*
**Imperfekt:** einfache Vergangenheit *(ich wusch)*
**Perfekt:** zusammengesetzte Vergangenheit *(ich habe gewaschen)*
**Personalpronomen:** persönliches Fürwort *(ich, du)*
**Demonstrativpronomen:** hinweisendes Fürwort *(dieser, jener)*
**Possessivpronomen:** besitzanzeigendes Fürwort *(mein, dein)*
**Reflexivpronomen:** rückbezügliches Fürwort *(ich wasche mich)*
**Präposition:** Verhältniswort *(in, auf)*
**Konjunktion:** Bindewort *(und, aber)*

# Wörterliste Deutsch – Lëtzebuergesch

© Nationales Touristikamt Luxemburg

Karnevalsfrauen in Diekirch

*Die Wörterlisten enthalten einen Grundwortschatz von ca. 1000 Wörtern. Vokabular, das man in den einzelnen Kapiteln nachschlagen kann, ist hier nicht immer aufgeführt. Wird ein Hauptwort mit einer unregelmäßigen Mehrzahl gebildet, so steht diese in Klammern hinter der Einzahl vermerkt.*

## A

**Abend** Owend
**abends** owes
**aber** awer, mä, mee
**Abfahrt** Départ
**abholen** sichegoen
**absagen** ofsoen
**alt** al
**anbieten** ubidden
**anbraten** ubroden
**anders** anescht
**Anfang** Ufank
**anfangen** ufänken
**Angst haben** fäerten
**anhalten** unhalen
**anpacken** upaken
**anstrengen** ustrengen (sech)
**anziehen** undoen
**Apfelsaft** Äppeljus
**Apotheke** Apdikt
**Arbeit** Aarbecht
**arbeiten** schaffen
**arm** aarm
**Arm** Aarm
**Arzt** Dokter
**atmen** otmen
**auf Wiedersehen** awar, awuer
**auf, nach** op
**aufpassen** uecht ginn
**aufpumpen** oppompelen
**aufreißen** urappen, oprappen
**Auge** A(en)
**Augenarzt** Aendoktor
**Augenblick** Abléck
**Ausländer** Auslänner

## B

**Bäckerei** Bäckerei
**Badeanzug** Maillot
**Badezimmer** Buedzëmmer
**Bahnhof** Gare
**bald** balgeschwënn, geschwënn
**Bauch** Bauch (Bäich)
**Baustelle** Schantchen
**beeilen, sich** tommelen (sech)
**Belgien** Belsch
**bereden** beschwätzen
**Berg** Bierg (Bierger)
**beschwipst** ugedronk
**besoffen** besoff
**besonders** besonnesch
**bestimmt** bestëmmt
**Betrüger** Strëppert
**Bettdecke** Diwwi
**Bier** Béier
**Bild** Bild (Biller)
**billig** bëlleg
**bisschen** bëssen
**bitter** batter

**bitteschön** wann ech gelift
**blau** blo
**bleiben** bleiwen
**bleifrei** bläifräi
**Blume** Blumm
**Blut** Blutt
**Botschaft** Ambassade
**Brief** Bréif, (Bréiwer)
**Briefkasten** Bréifkëscht
**Briefmarke** Tîmber
**Briefumschlag** Enveloppe
**Brille** Bréll
**bringen** bréngen
**Brot** Brout
**Brücke** Bréck (Brécken)
**Bruder** Brudder (Bridder)
**Buch** Buch (Bicher)
**Büchse** Bëchs
**Bügeleisen** Streckeisen
**bügeln** strecken
**Burg** Buerg
**Bürgersteig** Trottoir

### C

**Cafe** Café (Caféen)
**campieren** campéieren

### D

**danach** duerno
**danke** merci
**Daumen** Daum (Daumen)
**dein** deng
**deutsch** däitsch
**dich** dech
**dick** déck
**dickköpfig** déckkäppeg
**Dorf** Duerf (Dierfer)
**dran** drun
**drauf** drop
**draußen** baussen
**dreckig** knaschteg
**drinnen** bannen
**drüber** driwwer
**drunter** drënner
**du** du
**dunkel** däischter
**dünn** dënn
**dünner Kaffee** Muckefuck
**Durchfall** Schësser
**dürfen** däerfen
**Dutzend** Dosen

### E

**ehrlich** éierlech
**Ei** Ee (Eer)
**einmal** eemol
**Einwohner** Awunner
**Eis (Wasser)** Äis
**Empfang** Réceptioun
**entlang** laanscht
**entscheiden** décidéieren
**entschuldigen, sich** entschëllegen
**Entschuldigung** pardon
**er** hie(n)
**erste Hilfe** éischt Hëllef
**erzählen** verzielen
**es** et, hatt
**essen** iessen
**Essen** Iessen
**Essig** Esseg
**etwas** eppes

### F

**fahren** fueren
**Fahrkarte** Billjee
**Fahrrad** Velo
**Farbe** Faarf, Fuerf
**faul** liddereg
**feilschen, handeln** maarten, handelen
**fein, rein** reng
**Ferien** Vakanz
**fertig** prett
**feucht** fiicht
**Feuerwehr** Pompjeen
**Feuerzeug** Briquet
**Fieber** Féiwer
**finden** fannen
**Frage** Fro(en)
**fragen** froen
**französisch** franséisch
**frei** fräi

**fremd** friem
**Freude** Freed
**Freund** Frënd
**freundlich** frëndlech
**frisch** frësch
**froh** frou
**früher** fréier
**fühlen** fillen
**Führerschein** Permis
**für** fir
**furchtbar** terribel

## G

**gegen** géint
**gegenüber** géintiwwer
**gehen** goen
**Gehirn** Gehir
**Geld** Suen
**Geldschein** Billjet
**Gemälde** Tableau
**Gemüse** Geméis
**Gepäck** Bagage
**geplagt sein** geplot sinn
**gerade** riicht, just
**geradeaus** riichtaus
**gerne** gär
**Geschäft** Buttek
**Geschenk** Cadeau
**Geschwindigkeit** Vitesse
**gestern** gëschter
**gesund** gesond
**glauben** glewen
**gleich** gläich
**groß** grouss
**Grund** Fong
**Gurke** Cornichong(en)
**Gürtel** Ceinture
**gut** gutt, bon, joo

## H

**haben** hunn
**halb** hallef
**hallo** salut
**Haltestelle** Arrêt
**Handwerker** Handwierker
**hässlich** ellen
**Haustür** Hausdir, viischt Dir
**heben** hiewen
**heilen** helen
**heimlich** heemlech
**heiraten** bestueden
**heißen** heeschen
**helfen** hëllefen
**hell** hell
**Hemd** Hiem (Hiemer)
**herauf** erop
**heraus** eraus
**herein** eran
**Herrenanzug** Costume
**herunter** erof
**hervorragend** exzellent
**heute** haut
**hier** hei
**hinten** hannen
**hinter** hannert
**hoch** héich
**Hoheit** Altesse
**holen** huelen
**Honig** Hunneg
**hören** héieren, lauschteren
**Hose** Box
**husten** houschten
**Hut** Hutt (Hitt)

## I

**ich** ech
**Idee** Iddi (Iddien)
**immer** ëmmer
**in** an
**in Ordnung** Rei, an der Rei

## J

**ja** jo
**Jacke** Paltong
**Jahr, Jahre** Joer
**Jahreszeit** Joreszäit, Saison
**jeder** jiddereen, alleguer
**jetzt** elo
**jung** jonk
**Jungfrau** Joffer

## K

**Kaffee** Kaffi
**kalt** kal
**kaputt** freckt, futti
**Karte** Kaart

**kaufen** kafen
**Kaugummi** Knätsch
**kein** keen
**Kellner** Garçon
**kennen** kennen
**Kerl, Freund** Knëff
**Kirmes** Kiermes
**kleben** pechen
**Kleid,(er)** Kleed (Kleder)
**klein** kleng
**Kleingeld** Mënz
**klettern** klammen
**Koch** Kach (Käch)
**kochen** kachen
**Kochkäse** Kachkéis
**Koffer** Wallis (Wallissen)
**Konditorei** Pâtisserie
**können** kënnen
**Kopfhörer** Kapplauschterer
**Kopfkissen** Pillem
**Kopfweh** Kapp wëi
**Korb** Kuerf
**Körper** Kierper
**Krach** Kaméidi
**krank** krank
**Krankenschwester** Infirmière
**Kühlschrank** Frigo
**kurz** kuerz
**kuscheln** knuddelen

## L

**lachen** laachen
**lang** laang
**langsam gehen** träntelen
**langweilig** faul
**lassen** loossen
**laufen** lafen
**laut, hart** haart
**leben** liewen
**Lebensmittelladen** Epicerie
**lecker** appetittlech
**leer** eidel
**legen** leen
**leise, langsam** lues
**Leiter** Leder
**lernen** léieren
**Letzte(r)** Lescht
**Leute** Leit
**Licht** Luucht
**Liebe** Léift
**liegen** leien
**links** lénks
**Löwe** Léiw
**lügen** léien
**Lust** Loscht
**luxemburgisch** lëtzebuergesch

## M

**mach!** ma, maach
**machen** maachen
**malen** molen
**Markt** Maart (Mäert)
**Marktfrau** Maartfra
**Marmelade** Gebeess
**Meer** Mier
**Mehl** Miel
**mehr** méi
**mein** meng, mäin
**meinen** mengen
**meinetwegen** mengetwegen
**meistens** meeschtens
**Menge** Rëtsch
**merken** verhalen
**Metzger** Metzler
**mich** mech
**mieten** lounen
**Mineralwasser** Spruddel
**mit** mat
**mittags** mëttes
**Mode** Moud
**möglich** méiglech
**Moment** Ament
**Mond** Mound
**morgen** mar
**Mücke** Meck (Mecken)
**müde** midd
**Muschel** Mull(en)
**Musik** Musek
**müssen** mussen
**Mut** Courage

## N

**Nachbar** Noper
**Nachricht** Noriicht
**nachschauen** nokucken
**Nacht** Nuecht
**nachts** nuets
**Nagel** Nol (Neel)

**nageln** neelen
**nah** no
**naja** jee
**Name** Numm
**Nase** Nues
**nass** naass
**Nebel** Niwwel
**neben** niewent
**nein** nee, neen
**Netz** Filet
**neu** nei
**neun** neng
**nicht** net
**nichts** näischt
**Nichtsnutz** Näischtnotz
**nie** ni
**niedrig** niddreg
**niesen** néitschen
**noch** nach
**nur** nëmmen
**Nuss** Noss

## O

**oben** uewen
**Obst** Uebst
**oder** oder
**Ofen** Uewen
**offen** op
**oft** dacks
**ohne** ouni
**Öl** Ueleg
**Oma** Boma

## P

**Paket, Päckchen** Pak
**Papier** Pobeier
**Parkplatz** Parking
**Person** Persoun
**Personalausweis** Identitéitskaart
**Pfanne** Pan
**Pflaster** Plooschter
**Pille** Pëll
**polieren** wichsen, poléieren
**Polizei** Police
**Preis** Präis
**Puls** Bols
**putzen** botzen

## R

**radfahren** Velo fueren
**Radweg** Velospist
**Rat(schlag)** Rot
**rauchen** fëmmen
**rechts** riets
**reden** schwätzen
**Regal** Rayon
**Regenmantel** Reemantel
**Regenschirm** Präbbeli
**reich** räich
**reif** zeideg
**Reifen** Pneu
**reinlegen** uschmieren
**Reise** Reess
**Reißverschluss** Tirett
**rennen** krossen
**Rhein** Rhäin
**richtig** richteg
**Rock** Jupe (Jupen)
**roh** rëi
**rot** rout
**Rückfahrkarte** Aller
**rufen** ruffen
**Ruhe** Rou
**ruhig** roueg
**rund** ronn

## S

**Sache** Saach
**Saft** Jus
**saftig** säfteg
**sagen** soen
**salzig** salzeg
**satt** sat
**sauber** propper
**schade** schued
**scharf** schaarf
**schauen** kucken
**Schere** Schéier
**schießen** schéissen
**schlafen** schlofen
**schlank** gouereg
**schlecht** schlecht
**schlendern, spazieren** tröppelen
**Schlüssel** Schlëssel
**Schmerz** Péng, Wéi
**Schmetterling** Päiperlek
**Schmuckladen** Bijouterie
**schnell** séier

**schnell** schnell
**Schnupfen** Schnapp
**Schnürsenkel** Stréckel
**schön** schéin
**Schrank** Schaf (Schief)
**schreiben** schreiwen
**schreien** jäizen
**Schuh** Schong
**Schule** Schoul
**schwer, schwierig** schwéier
**Schwimmbad** Schwemm
**schwimmen** schwammen
**schwül** schmeier
**sehr** immens
**sehr erfreut** enchantéiert
**sein** sinn
**sein** säin
**seit** zënter
**selber** selwer
**Serviette** Zerwéit
**sicher** sécher
**sie** si
**singen** sangen
**sitzen** sëtzen
**so** esou
**sobald** soubal
**sogar** souguer
**sollen** sollen
**Sonne** Sonn
**Sonnenbrille** Sonnebrëll
**sonst** soss
**Sorge** Suerg
**soviel** souvill
**spät** spéit
**Speiseeis** Glace
**Spiegel** Spigel
**Spiel** Spill
**spielen** spillen
**Sprache** Sprooch
**springen** sprangen
**spüren** spiren
**stark** staark
**Steckdose** Steckdous
**stehen** stoen
**stehlen** klouen, zoppen
**Stein** Steen (Steng)
**stellen** stellen
**sterben** stierwen
**Stiefel** Stiwwel
**stottern** tuddelen
**Straße** Strooss
**Streit, Krach** Kaméidi, Zodi
**Strohhalm** Schallimmo
**Strom** Stroum
**Stück** Stéck
**Stuhl** Stull (Still)
**Stunde(n)** Stonn(en)
**stürzen** trëllen
**suchen** sichen
**süß** séiss

## T

**Tasche** Täsch, Posch
**Taschenlampe** Täscheluucht
**Tee** Téi
**Teig** Deeg
**Teil** Deel
**Teller** Teller (Telleren)
**teuer** deier
**Tisch** Dësch
**toll** flott
**Topf** Dëppen
**Torte** Taart
**tragen** droen
**Traube** Drauw(en)
**Traum** Dram (Dreem)
**traurig** traureg
**Treppe** Trap
**trinken** drénken
**Trinkgeld** Drénkgeld
**trocken** dréchen
**trotzdem** trotzdem
**tschüss** äddi
**Tür** Dir (Diren)

## U

**über** iwwer, iwwert
**überall** iwwerall
**Überdruss** Flemm
**überfahren** iwwerrennen
**überholen** iwwerhuelen
**überlegen** iwwerleeen
**Uhr** Auer
**um** um
**umsonst** fir näischt
**umsteigen** changéieren, ëmklammen
**Umweg** Emwee
**umziehen** plënneren
**und** an
**ungefähr** ongeféier

**unglücklich** onglécklech
**unnötig** nët néidig
**Unruhe** Onrou
**uns** eis, ons
**unsicher** net secher
**unter** ënnert
**unterhalten** ënnerhalen
**Unterhose** Calzong
**unternehmen, etw.** ënnerhuelen
**unterschreiben** ënnerschreiwen

## V

**vergleichen** vergläichen
**Vergnügen** Pleséier
**verkaufen** verkafen
**verkehrt** verkéiert
**verlaufen** verlafen
**vermieten** verlounen
**vermischen** vermëschen
**verrückt** geckeg
**verstecken** verstoppen
**verstehen** verstoen
**versuchen** versichen
**vertragen** verdroen
**viel** vill
**vielen Dank** villmools Merci
**vor** vir
**Vorführung** Demonstratioun
**vorgestern** virgëschter
**Vorname** Virnumm

## W

**Waage** Wo
**wachsen** wuessen
**Wagen** Won (Ween)
**wählen** wielen
**wahr** wouer
**Wald** Bësch
**Wanderung** Fousstour
**wann** wéini
**war** war, wor
**warm** waarm
**warten** waarden
**warum** firwat
**was** wat
**waschen** wäschen
**Wasser** Waasser
**wechseln** ëmtauschen, wiesselen
**weg** ewech, fort
**Weg** Wee(r)
**weh tun** wéi doen
**weich** mëll
**weinen** pinschen, kräischen
**weiß** wäiss
**wenig** wéineg, mann
**weniger** manner
**wenn** wann
**werden** wäerden
**Wetter** Wieder
**wichtig** wichteg
**wie** wéi
**wie bitte** wat gelift
**wie viel** wivill
**wieder** neess, erëm
**wieso** woufir
**Wind** Wand
**winken** wénken
**Winterreifen** Wanterpneu
**wissen** wëssen
**wo** wou
**Woche** Woch
**wohin** wouhinner, wuer
**wohnen** wunnen
**Wohnung** Wunneng
**wollen** wëllen
**Wort (Wörter)** Wuert (Wierder)
**wozu** fir wat
**Wunsch** Wonsch

## Z

**Zahl** Zuel
**zählen** zielen
**Zahn** Zant (Zänn)
**Zahnarzt** Zänndokter
**Zahnbürste** Zännbiischt
**Zahnpasta** Zännseef
**zart, leise** zaart
**Zehe** Zéif (Zéiwen)
**zeichnen** zeechnen
**Zeit** Zäit
**Zeitschrift** Revue(n)
**ziehen** zéien
**ziemlich** zimlech
**Zimmer** Kummer
**Zins** Zëns
**Zitrone** Zitroun
**zu** zou

**zufällig** zoufälleg
**Zug** Zuch (Zich)
**zurück** zreck
**zusammen** zesummen
**zuviel** zevill
**zweierlei** zweerlee
**zweimal** zweemol
**zwischen** tëschent

# Wörterliste Lëtzebuergesch – Deutsch

## A

**A(en)** Auge
**Aarbecht** Arbeit
**aarm** arm
**Aarm** Arm
**Abléck** Augenblick
**äddi** tschüss
**Aendoktor** Augenarzt
**Äis** Eis (Wasser)
**al** alt
**alleguer** jeder
**Aller** Rückfahrkarte
**Altesse** Hoheit
**Ambassade** Botschaft
**Ament** Moment
**an** in, und
**an der Rei** in Ordnung
**anescht** anders
**Apdikt** Apotheke
**Äppeljus** Apfelsaft
**appetittlech** lecker
**Arrêt** Haltestelle
**Auer** Uhr
**Auslänner** Ausländer
**awar, awuer** auf Wiedersehen
**awer** aber
**Awunner** Einwohner

## B

**Bäckerei** Bäckerei
**Bagage** Gepäck
**balgeschwënn** bald
**bannen** drinnen
**batter** bitter
**Bauch (Bäich)** Bauch
**baussen** draußen
**Bëchs** Büchse
**Béier** Bier
**bëlleg** billig
**Belsch** Belgien
**Bësch** Wald
**beschwätzen** bereden
**besoff** besoffen
**besonnesch** besonders
**bëssen** bisschen
**bestëmmt** bestimmt
**bestueden** heiraten
**Bierg (Bierger)** Berg
**Bijouterie** Schmuckladen
**Bild (Biller)** Bild
**Billjee** Fahrkarte
**Billjet** Geldschein
**bläifräi** bleifrei
**bleiwen** bleiben
**blo** blau
**Blumm** Blume
**Blutt** Blut
**Bols** Puls
**Boma** Oma
**bon** gut
**botzen** putzen
**Box** Hose
**Bréck (Brécken)** Brücke
**Bréif, (Bréiwer)** Brief
**Bréifkëscht** Briefkasten
**Bréll** Brille
**bréngen** bringen
**Briquet** Feuerzeug
**Brout** Brot
**Brudder (Bridder)** Bruder
**Buch (Bicher)** Buch
**Buedzëmmer** Badezimmer
**Buerg** Burg
**Buttek** Geschäft

## C

**Cadeau** Geschenk
**Café (Caféen)** Cafe
**Calzong** Unterhose
**campéieren** campieren

**changéieren** umsteigen
**Ceinture** Gürtel
**Cornichong(en)** Gurke
**Costume** Herrenanzug
**Courage** Mut

## D

**dacks** oft
**däerfen** dürfen
**däischter** dunkel
**däitsch** deutsch
**Daum (Daumen)** Daumen
**dech** dich
**décidéieren** entscheiden
**déck** dick
**déckkäppeg** dickköpfig
**Deeg** Teig
**Deel** Teil
**deier** teuer
**Demonstratioun** Vorführung
**deng** dein
**dënn** dünn
**Départ** Abfahrt
**Dëppen** Topf
**Dësch** Tisch
**Dir (Diren)** Tür
**Diwwi** Bettdecke
**Dokter** Arzt
**Dosen** Dutzend
**Dram (Dreem)** Traum
**Drauw(en)** Traube
**dréchen** trocken
**drénken** trinken
**Drénkgeld** Trinkgeld
**drënner** drunter
**driwwer** drüber
**droen** tragen
**drop** drauf
**drun** dran
**du** du
**Duerf (Dierfer)** Dorf
**duerno** danach

## E

**ech** ich
**Ee (Eer)** Ei
**eemol** einmal
**eidel** leer
**éierlech** ehrlich
**eis** uns
**éischt Hëllef** erste Hilfe
**ellen** hässlich
**elo** jetzt
**ëmklammen** umsteigen
**ëmmer** immer
**ëmtauschen** wechseln
**Emwee** Umweg
**enchantéiert** sehr erfreut
**ënnerhalen** unterhalten
**ënnerhuelen** unternehmen, etw.
**ënnerschreiwen** unterschreiben
**ënnert** unter
**entschëllegen** entschuldigen, sich
**Enveloppe** Briefumschlag
**Epicerie** Lebensmittelladen
**eppes** etwas
**eran** herein
**eraus** heraus
**erëm** wieder
**erof** herunter
**erop** herauf
**esou** so
**Esseg** Essig
**et** es
**ewech** weg
**exzellent** hervorragend

## F

**Faarf, Fuerf** Farbe
**fäerten** Angst haben
**fannen** finden
**faul** langweilig
**Féiwer** Fieber
**fëmmen** rauchen
**fiicht** feucht
**Filet** Netz
**fillen** fühlen
**fir** für
**fir näischt** umsonst
**fir wat** wozu
**firwat** warum
**Flemm** Überdruss
**flott** toll

# Wörterliste Lëtzebuergesch – Deutsch

**Fong** Grund
**fort** weg
**Fousstour** Wanderung
**fräi** frei
**franséisch** französisch
**freckt** kaputt
**Freed** Freude
**fréier** früher
**Frënd** Freund
**frëndlech** freundlich
**frësch** frisch
**friem** fremd
**Frigo** Kühlschrank
**Fro(en)** Frage
**froen** fragen
**frou** froh
**fueren** fahren
**futti** kaputt

## G

**gär** gerne
**Garçon** Kellner
**Gare** Bahnhof
**Gebeess** Marmelade
**geckeg** verrückt
**Gehir** Gehirn
**géint** gegen
**géintiwwer** gegenüber
**Geméis** Gemüse
**geplot sinn** geplagt sein
**gëschter** gestern
**geschwënn** bald
**gesond** gesund
**Glace** Speiseeis
**gläich** gleich
**glewen** glauben
**goen** gehen
**gouereg** schlank
**grouss** groß
**gutt** gut

## H

**haart** laut, hart
**hallef** halb
**handelen** feilschen, handeln
**Handwierker** Handwerker
**hannen** hinten
**hannert** hinter
**Hausdir** Haustür
**hatt** es
**haut** heute
**heemlech** heimlich
**heeschen** heißen
**hei** hier
**hëich** hoch
**hëieren** hören
**helen** heilen
**hell** hell
**hëllefen** helfen
**hie(n)** er
**Hiem (Hiemer)** Hemd
**hiewen** heben
**houschten** husten
**huelen** holen
**hunn** haben
**Hunneg** Honig
**Hutt (Hitt)** Hut

## I

**Iddi (Iddien)** Idee
**Identitéitskaart** Personalausweis
**iessen** essen
**Iessen** Essen
**immens** sehr
**Infirmière** Krankenschwester
**iwwer, iwwert** über
**iwwerall** überall
**iwwerhuelen** überholen
**iwwerleen** überlegen
**iwwerrennen** überfahren
**jäizen** schreien
**jee** naja
**jiddereen** jeder

## J

**jo** ja
**Joer** Jahr, Jahre
**Joffer** Jungfrau
**jonk** jung
**joo** gut
**Joreszäit** Jahreszeit
**Jupe (Jupen)** Rock
**Jus** Saft
**just** gerade

## K

**Kaart** Karte

**Kach (Käch)** Koch
**kachen** kochen
**Kachkéis** Kochkäse
**kafen** kaufen
**Kaffi** Kaffee
**kal** kalt
**Kaméidi** Streit, Krach
**Kapp wëi** Kopfweh
**Kapplauschterer** Kopfhörer
**keen** kein
**kennen** kennen
**kënnen** können
**Kiermes** Kirmes
**Kierper** Körper
**klammen** klettern
**Kleed (Kleder)** Kleid,(er)
**kleng** klein
**klouen** stehlen
**knaschteg** dreckig
**Knätsch** Kaugummi
**Knëff** Kerl, Freund
**knuddelen** kuscheln
**kräischen** weinen
**krank** krank
**krossen** rennen
**kucken** schauen
**Kuerf** Korb
**kuerz** kurz
**Kummer** Zimmer

## L

**laachen** lachen
**laang** lang
**laanscht** entlang
**lafen** laufen
**lauschteren** hören
**Leder** Leiter
**leen** legen
**leien** liegen
**léien** lügen
**léieren** lernen
**Léift** Liebe
**Leit** Leute
**Léiw** Löwe
**lénks** links
**Lescht** Letzte(r)
**lëtzebuergesch** luxemburgisch
**liddereg** faul
**liewen** leben
**loossen** lassen
**Loscht** Lust
**lounen** mieten
**lues** leise, langsam
**Luucht** Licht

## M

**ma** mach!
**mä** aber
**maach** mach!
**maachen** machen
**Maart (Mäert)** Markt
**maarten** feilschen, handeln
**Maartfra** Marktfrau
**Maillot** Badeanzug
**mäin** mein
**mann** wenig
**manner** weniger
**mar** morgen
**mat** mit
**mech** mich
**Meck (Mecken)** Mücke
**mee** aber
**meeschtens** meistens
**méi** mehr
**méiglech** möglich
**mëll** weich
**meng** mein
**mengen** meinen
**mengetwegen** meinetwegen
**Mënz** Kleingeld
**merci** danke
**mëttes** mittags
**Metzler** Metzger
**midd** müde
**Miel** Mehl
**Mier** Meer
**molen** malen
**Moud** Mode
**Mound** Mond
**Muckefuck** dünner Kaffee
**Mull(en)** Muschel
**Musek** Musik
**mussen** müssen

## N

**naass** nass
**nach** noch
**näischt** nichts
**Näischtnotz** Nichtsnutz
**nee** nein
**neelen** nageln

**neen** nein
**neess** wieder
**nei** neu
**néitschen** niesen
**nëmmen** nur
**neng** neun
**net** nicht
**nët néidig** unnötig
**net secher** unsicher
**ni** nie
**niddreg** niedrig
**niewent** neben
**Niwwel** Nebel
**no** nah
**nokucken** nachschauen
**Nol (Neel)** Nagel
**Noper** Nachbar
**Noriicht** Nachricht
**Noss** Nuss
**Nuecht** Nacht
**Nues** Nase
**nuets** nachts
**Numm** Name

## O

**oder** oder
**ofsoen** absagen
**ongeféier** ungefähr
**onglécklech** unglücklich
**Onrou** Unruhe
**ons** uns
**op** auf, nach, offen
**oppompelen** aufpumpen
**oprappen** aufreißen
**otmen** atmen
**ouni** ohne
**Owend** Abend
**owes** abends

## P

**Päiperlek** Schmetterling
**Pak** Paket, Päckchen
**Paltong** Jacke
**Pan** Pfanne
**pardon** Entschuldigung
**Parking** Parkplatz
**Pâtisserie** Konditorei
**pechen** kleben
**Pëll** Pille
**Péng** Schmerz
**Permis** Führerschein
**Persoun** Person
**Pillem** Kopfkissen
**pinschen** weinen
**plënneren** umziehen
**Pleséier** Vergnügen
**Plooschter** Pflaster
**Pneu** Reifen
**Pobeier** Papier
**poléieren** polieren
**Police** Polizei
**Pompjeen** Feuerwehr
**Posch** Tasche
**Präbbeli** Regenschirm
**Präis** Preis
**prett** fertig
**propper** sauber

## R

**räich** reich
**Rayon** Regal
**Réceptioun** Empfang
**Reemantel** Regenmantel
**Reess** Reise
**Rei** in Ordnung
**rëi** roh
**reng** fein, rein
**Rëtsch** Menge
**Revue(n)** Zeitschrift
**Rhäin** Rhein
**richteg** richtig
**riets** rechts
**riicht** gerade
**riichtaus** geradeaus
**ronn** rund
**Rot** Rat(schlag)
**Rou** Ruhe
**roueg** ruhig
**rout** rot
**ruffen** rufen

## S

**Saach** Sache
**säfteg** saftig
**säin** sein
**Saison** Jahreszeit
**salut** hallo
**salzeg** salzig
**sangen** singen
**sat** satt
**schaarf** scharf
**Schaf (Schief)** Schrank

**schaffen** arbeiten
**Schallimmo** Strohhalm
**Schantchen** Baustelle
**Schéier** Schere
**schéin** schön
**schéissen** schießen
**Schësser** Durchfall
**schlecht** schlecht
**Schlëssel** Schlüssel
**schlofen** schlafen
**schmeier** schwül
**Schnapp** Schnupfen
**schnell** schnell
**Schong** Schuh
**Schoul** Schule
**schreiwen** schreiben
**schued** schade
**schwammen** schwimmen
**schwätzen** reden
**schwéier** schwer, schwierig
**Schwemm** Schwimmbad
**sécher** sicher
**séier** schnell
**séiss** süß
**selwer** selber
**sëtzen** sitzen
**si** sie
**sichegoen** abholen
**sichen** suchen
**sinn** sein
**soen** sagen
**sollen** sollen
**Sonn** Sonne
**Sonnebrëll** Sonnenbrille
**soss** sonst
**soubal** sobald
**souguer** sogar
**souvill** soviel
**spéit** spät
**Spigel** Spiegel
**Spill** Spiel
**spillen** spielen
**spiren** spüren
**sprangen** springen
**Sprooch** Sprache
**Spruddel** Mineralwasser
**staark** stark
**Stéck** Stück
**Steckdous** Steckdose
**Steen (Steng)** Stein
**stellen** stellen
**stierwen** sterben
**Stiwwel** Stiefel
**stoen** stehen
**Stonn(en)** Stunde(n)
**Streckeisen** Bügeleisen
**Stréckel** Schnürsenkel
**strecken** bügeln
**Strëppert** Betrüger
**Strooss** Straße
**Stroum** Strom
**Stull (Still)** Stuhl
**Suen** Geld
**Suerg** Sorge

## T

**Taart** Torte
**Tableau** Gemälde
**Täsch** Tasche
**Täscheluucht** Taschenlampe
**Téi** Tee
**Teller (Telleren)** Teller
**terribel** furchtbar
**tëschent** zwischen
**Tîmber** Briefmarke
**Tirett** Reißverschluss
**tommelen (sech)** beeilen, sich
**träntelen** langsam gehen
**Trap** Treppe
**traureg** traurig
**trëllen** stürzen
**trëppelen** schlendern, spazieren
**Trottoir** Bürgersteig
**trotzdem** trotzdem
**tuddelen** stottern

## U

**ubidden** anbieten
**ubroden** anbraten
**Uebst** Obst
**uecht ginn** aufpassen
**Ueleg** Öl
**uewen** oben
**Uewen** Ofen
**Ufank** Anfang
**ufänken** anfangen
**ugedronk** beschwipst
**um** um
**undoen** anziehen
**unhalen** anhalten
**upaken** anpacken

**urappen** aufreißen
**uschmieren** reinlegen
**ustrengen (sech)** anstrengen, sich

## V

**Vakanz** Ferien
**Velo** Fahrrad
**Velo fueren** radfahren
**Velospist** Radweg
**verdroen** vertragen
**vergläichen** vergleichen
**verhalen** merken
**verkafen** verkaufen
**verkéiert** verkehrt
**verlafen** verlaufen
**verlounen** vermieten
**vermëschen** vermischen
**versichen** versuchen
**verstoen** verstehen
**verstoppen** verstecken
**verzielen** erzählen
**viischt Dir** Haustür
**vill** viel
**villmools Merci** vielen Dank
**vir** vor
**virgëschter** vorgestern
**Virnumm** Vorname
**Vitesse** Geschwindigkeit

## W

**waarden** warten
**waarm** warm
**Waasser** Wasser
**wäerden** werden
**wäiss** weiß
**Wallis (Wallissen)** Koffer
**Wand** Wind
**wann** wenn
**wann ech gelift** bitteschön
**Wanterpneu** Winterreifen
**war** war
**wäschen** waschen
**wat** was
**wat gelift** wie bitte
**Wee(r)** Weg
**Wéi** Schmerz
**wéi** wie
**wéi doen** weh tun
**wéineg** wenig
**wéini** wann
**wëllen** wollen
**wénken** winken
**wëssen** wissen
**wichsen** polieren
**wichteg** wichtig
**Wieder** Wetter
**wielen** wählen
**wiesselen** wechseln
**wivill** wie viel
**Wo** Waage
**Woch** Woche
**Won (Ween)** Wagen
**Wonsch** Wunsch
**wor** war
**wou** wo
**wouer** wahr
**woufir** wieso
**wouhinner** wohin
**wuer** wohin
**Wuert (Wierder)** Wort
**wuessen** wachsen
**wunnen** wohnen
**Wunneng** Wohnung

## Z

**zaart** zart, leise
**Zäit** Zeit
**Zännbiischt** Zahnbürste
**Zänndokter** Zahnarzt
**Zännseef** Zahnpasta
**Zant (Zänn)** Zahn
**zeechnen** zeichnen
**zeideg** reif
**zéien** ziehen
**Zéif (Zéiwen)** Zehe
**Zëns** Zins
**zënter** seit
**Zerwéit** Serviette
**zesummen** zusammen
**zevill** zuviel
**zielen** zählen
**zimlech** ziemlich
**Zitroun** Zitrone
**Zodi** Streit, Krach
**zoppen** stehlen
**zou** zu
**zoufälleg** zufällig
**zreck** zurück
**Zuch (Zich)** Zug
**Zuel** Zahl
**zweemol** zweimal
**zweerlee** zweierlei

# 25 Jahre Kauderwelsch

## Kauderwelsch 3 in 1: Sammelbände zum Jubiläum

*Jubiläumsband 1*
**Amerikanisch 3 in 1**
ISBN 978-3-89416-587-1

*Jubiläumsband 3*
**Italienisch 3 in 1**
ISBN 978-3-89416-584-0

*Jubiläumsband 4*
**Englisch 3 in 1**
ISBN 978-3-89416-581-9

*Jubiläumsband 5*
**Spanisch 3 in 1**
ISBN 978-3-89416-583-3

*Jubiläumsband 7*
**Chinesisch 3 in 1**
ISBN 978-3-89416-585-7

*Jubiläumsband 8*
**Heilige Sprachen**
ISBN 978-3-89416-255-9

**Reise Know-How Verlag, Bielefeld**
**www.reise-know-how.de**

## Der Autor

**Joscha Remus** wuchs unweit der luxemburgischen Grenze in der Eifel auf.

Bereits während seines Biologie-, Germanistik- und Philosophiestudiums war er viel im Ausland unterwegs. Nach der Arbeit bei einer medizinischen Fachzeitschrift führte ihn sein Weg nach Berlin, Rom und London, wo er als Kinder-Physiotherapeut Methoden zur „Motorischen Intelligenz" entwickelte.

Heute arbeitet er als Wissenschaftsjournalist für in- und ausländische Medien (u. a. DIE ZEIT und ZEIT WISSEN) und berichtet vorwiegend über aktuelle Entwicklungen der Neurobiologie, der Kognitionsforschung und Lernpsychologie. Neben Sprach- und Reiseführern schreibt Joscha Remus auch Bücher zu Themen der Körper- und Wissensarbeit.

„Sprachen und Reisen sind seit der frühesten Jugendzeit eine meiner größten Leidenschaften. Dabei habe ich meine Passion für das Luxemburgische recht spät entdeckt. Manchmal eröffnet erst die Beschäftigung mit fremden Sprachen und Kulturen den freien ungetrübten Blick auf die eigene Heimatsprache. Wie alle Sprachen kleinerer Länder benötigt auch das Lëtzebuergesch Freunde und Liebhaber, um im Ausland überhaupt wahrgenommen zu werden. Ich bin einer von ihnen."